한 날 없습니다.
잘 해낼 날 없어요.

- 존경을 담아, 남희주

나의 돈 많은 고등학교 친구

나의 돈 많은 고등학교 친구

슈퍼리치와의 대화에서 찾아낸 부자의 길

송희구 지음

서삼독

부자는 왜 부자가 되는가? 자수성가한 모든 부자는 부자와 빈자의 차이가 '마인드의 차이'라는 것을 안다. 이것을 이해하고 '부자의 마인드'를 완벽하게 체화한 사람만이 경제적 자유라는 좁은 관문을 통과할 수 있다.

부자의 마인드란 무엇인가? 근처에 부자가 없다면 책의 힘을 빌릴 수밖에 없다. 로버트 기요사키의 《부자 아빠 가난한 아빠》, 세이노의 《세이노의 가르침》 모두 훌륭한 책이다. 그러나 가장 쉽게 부자의 마인드를 배울 수 있는 책은 바로 이 책이다.

부자 마인드가 없는 사람의 사업이나 투자 기법은 깨진 독에 물을 붓는 것과 똑같다. 이 책으로 독을 탄탄히 하고 사업과 투자를 시도하자. 그때서야 비로소 당신은 부자의 반열에 오를 수 있을 것이다.

— 강환국

《퀀트 투자 무작정 따라하기》, 《거인의 포트폴리오》 저자)

이 책은 한국형 '부자 아빠 가난한 아빠'라 불릴 만하다. 20년 만에 만난 부자 친구의 뼈를 때리는 조언과 가르침이 우리를 새로운 세상으로 이끌기 때문이다. 작가 특유의 쉬운 문체로 368쪽을 순식간에 읽다 보면 부자 친구의 지혜에 자연스레 감화되는 자신을 보게 될 것이다.

— 정태익
(유튜버 '부동산 읽어주는 남자')

작가님께서 제 민낯을 써 놓으신 듯해 읽는 내내 얼굴이 화끈거렸습니다. 책을 덮고 난 뒤에도 제 옆에 광수 아저씨가 함께 계신 듯합니다. 정적이던 제 삶에 힘찬 전진 기어를 넣어 준 책이었습니다. 감사합니다.

— 배우 공승연

바로 이 순간,

변화의 용기와 무한한 자유를 찾아 나서는 여러분에게

이 책을 바칩니다.

차례

추천의 글 4

저자의 글 6

프리미엄 티켓을 사는 사람 11

신사옥 프로젝트 23

상상 속의 그림을 현실로 만들기 35

영철의 내 집 마련 63

돈도 사람을 따른다 99

부자가 되는 꿈 121

영현과 광현의 도전 149

독일 가는 날 175

폭죽놀이 주의보 209

내가 사면 떨어지는 마법 227

성공하는 거, 부자 되는 거, 돈 많이 버는 거 259

부자 아빠의 부자 수업 281

레버리지 하거나, 레버리지 당하거나 299

달까지 가자 325

나의 돈 많은 고등학교 친구 343

에필로그 361

덧붙이는 글 365

프리미엄 티켓을 사는 사람

"아빠, 다리 아파요."

"캠핑 의자를 가지고 올 걸 그랬네. 이거 깔고 바닥에 잠깐 앉아 있자."

영철은 오랜만에 아들 영현을 데리고 놀이동산에 왔다. 손에 들고 있던 팸플릿을 펼쳐 바닥에 깔고 아들 영현을 앉힌다. 영현은 줄도 서지 않고 바로 놀이 기구에 탑승하는 사람들을 물끄러미 바라본다.

"아빠, 저 사람들은 왜 줄을 안 서요?"

"돈 많다고 자랑하는 거야."

영철은 한숨을 섞어 대답한다.

"우리도 줄 안 서면 안 돼요? 너무 오래 기다렸어요."

"줄 안 서는 사람들은 인내심이 없는 사람들이야."

"그래도 우리는 줄 서 있는데, 저 사람들은 왜 그냥 들어가요?"

"줄을 안 서고 들어갈 수 있는 티켓이 있어. 그런데 그 티켓을 사는 사람들은 돈을 지나치게 낭비하는 거야. 어차피 타는 것은 똑같아. 그냥 조금 천천히 타고 빨리 탈 뿐이야. 이렇게 기다리는 것도 다 추억이야. 아빠도 어릴 때 두 시간씩 기다렸어."

영현은 이해하지 못하겠다는 표정으로 시무룩하게 바닥만 내려다본다.

주변을 둘러보던 영철은 누군가와 눈이 마주친다. 아는 사람이다. 깜짝 놀란 영철은 기억을 더듬는다.

"어? 광수! 맞지?"

"혹시…… 영철이야?"

"와…… 이게 말이 돼?"

"어, 진짜 반갑다. 고등학교 졸업하고 얼마 만이야. 20년?"

"딱 20년."

"하나도 안 변했네."

광수와 영철은 두 손을 꽉 맞잡는다.

"네 아들이야?"

"어, 광현이. 얘는 네 아들이구나?"

"그래, 영현이야."

영철과 광수는 어색해서 쭈뼛거리는 아들 둘도 인사시

킨다.

그 사이 영철이 서 있던 줄이 조금씩 앞으로 움직인다.

"영철아, 이렇게 만났는데 점심 같이 먹을까?"

"좋지, 이것만 타고 먹자."

'여기부터 한 시간'이라고 쓰여 있는 안내판을 흘끗 본 광수가 말한다.

"우리는 이거 타고 나서 다른 것도 타고 있을게. 한 시간 뒤에 저기 카페테리아 앞에서 봐."

광수와 아들 광현은 줄을 서지 않고 바로 들어간다. 20초 기다리고 2분짜리 놀이 기구를 탄다. 영현과 영철은 한 시간을 기다려 2분짜리 놀이 기구를 탄다. 광수와 만나기로 한 약속 시간이 거의 다 되어간다.

화려한 퍼레이드가 지나간다. 형형색색의 드레스를 입고 활짝 웃으며 춤을 추는 무용수들이 영철의 눈길을 잡아 끈다. 영철은 약속 시간이 가까워진 것도 모르고 넋을 놓고 바라본다.

"아빠, 시간 다 됐어요. 빨리 가요."

옆에서 영현이가 보챈다.

"괜찮아. 좀 늦어도 돼. 아빠랑 엄청 친했던 친구거든."

"다리도 아프고 배도 고파요. 그리고 약속은 지켜야죠."

"알았어. 조금만 더 보고 가자."

영철과 영현은 15분 늦게 약속 장소에 도착한다. 미리 카페테리아에 자리를 잡아놓고 있던 광수가 이쪽이라면서 손을 흔든다. 영현이가 먼저 인사를 한다.

"안녕, 나는 영현이야."

"안녕, 나는 광현이야."

어색함을 깨고 영현이가 친근하게 물어본다.

"넌 뭐 탔어?"

"후렌치 레볼루션도 탔고, 신밧드의 모험이랑 아틀란티스, 후룸라이드, 바이킹 탔어."

"우와, 많이 탔네. 좋겠다."

"너는?"

"나는…… 방금 그거 하나 타고 온 거야. 한 시간 넘게 기다렸어."

"이상하다……. 나는 하나도 안 기다리고 탔는데…… 내가 탄 것들이 인기가 없는 거였나?"

듣고 있던 광수가 끼어든다.

"아저씨하고 광현이는 조금 일찍 들어왔어. 그리고 이 티켓은 줄을 안 서도 되는 티켓이라서 그래."

"아빠가 그 티켓을 사는 사람들은 돈 낭비하고 인내심

이 없는 사람들이라고 했어요."

영현의 입에서 아까 자신이 말했던 내용이 그대로 흘러 나오자 난처해진 영철은 화제를 돌린다.

"흠흠, 얘들아, 뭐 먹을래? 롯데월드 왔으니까 떡볶이에 쫄면 먹을까?"

"네, 좋아요!"

주문한 음식이 나온다. 아이들은 신이 나서 자기들끼리 이야기하면서 먹는다. 광수가 진심으로 반갑다는 눈빛으로 영철을 바라보며 말한다.

"고등학교 때 우리 둘이 맨날 붙어 다녔는데, 졸업하고 아예 연락이 안 됐네. 보고 싶었다."

"대학 다니고, 군대 가고, 연애하고, 결혼하고, 먹고사느라 서로 정신없었지 뭐."

"맞아. 벌써 우리가 마흔이라니. 시간 참 무섭게 빠르다."

"그러게. 어떻게 지냈어?"

영철은 광수가 무슨 돈이 있기에 프리미엄 티켓을 샀는지 너무 궁금하다. 고등학교 때 광수 부모님이 하시던 가게에 수도 없이 들락날락했던지라 집안 사정을 아주 잘 안다. 금수저는 절대 아니다. 지금 옷차림만 봐도 동네의 허름한 복덕방에서 자리를 지키고 있는 아저씨 같다.

광수는 입에 있는 떡볶이를 삼키고 대답한다.

"나는 지방에 있는 작은 건축회사 다니다가 지금은 나왔어."

공부를 못했던 광수는 지방대를 갔다. 서울 상위권 대학의 경영학과를 다니던 영철은 대놓고 드러내지는 않았지만 은근히 지방대를 무시하며 지냈다. 어쩌면 그 이유 때문에 영철과 광수가 연락이 안 된 것인지도 모른다.

광수가 말을 이어간다.

"거기서 일하면서 광현이 엄마 만나서 결혼까지 했고. 너는?"

"나는 광화문 쪽에서 일해."

"역시 공부 잘하더니 성공했네. 대기업 다니나 봐."

"뭐, 그렇지."

"멋있다. 나는 언제쯤 정장 입고, 사원증 목에 걸고, 커피 한 잔 손에 들고 광화문 거리를 걸어볼까? 하하."

"나도 그게 처음에는 멋있는 줄 알았는데, 좀 지나보니까 다 똑같더라. 별거 없어."

아이들은 밥을 다 먹었는지 어느새 테이블에서 일어나 자기들끼리 놀고 있다. 영철과 광수도 적당히 배가 부르자 식사를 마친다. 잠깐 아이들이 노는 쪽을 쳐다본 광수가 말한다.

"애들끼리 타게 할까? 나는 몇 개 탔더니 멀미가 나네.

내가 이 티켓 영현이 줄게."

"어, 어…… 그럴까?"

광수는 영현에게 프리미엄 티켓을 건네며 머리를 쓰다듬는다.

"재밌게 타고 와. 아저씨랑 아빠는 저기서 커피 한잔하고 있을게."

점심은 광수가 먼저 계산을 해서, 커피는 영철이 계산한다.

그을린 얼굴, 두툼하고 상처 가득한 손, 나이대에 비해 많은 흰머리. 영철보다는 최소 다섯 살은 많아 보이는 외모에도 불구하고 광수의 행동거지에서 어딘가 모를 여유가 뿜어져 나오는 것 같다. 나이가 들어 보여서 여유로워 보이나. 그보다는 9만 원 가까이나 하는 프리미엄 티켓을 두 장이나 구매한 게 이해가 가지 않는다.

자유이용권은 50퍼센트 할인 받아 1인당 3만 원씩 6만 원, 프리미엄 티켓은 1인당 9만 원씩 18만 원. 전부 합치면 다해서 24만 원이다. 놀이 기구 타는 데 24만 원이나 쓴다고? 혹시 지방에 살아서 여기에 자주 올 기회가 없는지도 모르겠다. 한 번 온 김에 제대로 놀다 가려고 하는 것 같다. 그럼 인정!

영철이 물어본다.

"다니던 회사에서 나왔으면, 그럼 사업하는 거야?"

"사업…… 그렇지. 작게 하고 있어."

"아무리 작아도 자기가 주인이면 사업이지 뭘. 좀 어때?"

"재밌기도 하고, 힘들기도 하고, 직장 다닐 때보다는 신경 쓸 게 많은데, 그래도 내 일이니까 정 붙이고 하고 있지. 한편으로는 배우는 것도 많고."

"그렇구나. 지금 어디 살아?"

"나는 저 위에."

손가락으로 하늘을 가리킨다.

역시 멀리서 왔구나. 휴전선 근처에서 왔나? 멀리서 왔는데 밥은 내가 살걸. 나도 어디 사는지 물어봐 주면 좋겠다. 나는 천당 아래 분당 살거든. 나야말로 진짜 위에 살고 있지.

페라가모 벨트에 타이틀리스트 골프웨어를 입고 있는 자신과 노란색 나이키 운동화에 브랜드도 알 수 없는 헐렁한 셔츠, 면바지 차림의 광수는 격차가 느껴진다. 괜히 미안해진다. 중학교 때부터 영철은 공부를 잘해서 선생님께 칭찬을 받았고, 엄친아 소리를 들으며 좋은 대학에 진학했다.

반대로 광수는 수능 성적에는 도움 안 되는 소설책과 잡지를 많이 봤다. 광수 부모님은 골동품 매장을 운영하고 계셨는데, 간판에는 '골동품'이라는 세 글자만 크게 써 있었다. 영철이 보기에는 쓸 만한 쓰레기들을 모아서 파는 것 같았다. 광수는 주말마다 가게 주차장에서 골동품을 고치고 수리하는 일을 했다. 다들 학원에 가고 과외를 받을 시간에 공부와는 상관없는 일과를 보냈다.

그 결과 지방대에 갔다.

———

아이들이 놀이 기구를 다 탔는지 장난을 치면서 걸어온다. 집에 갈 시간이다.

"광현아, 아저씨가 티셔츠 하나 줄게."

영철은 광수에게 자랑도 할 겸, 차 뒷좌석에서 몇 달째 굴러다니는 안 입는 회사 야구팀 유니폼을 주려고 한다. 무엇보다 올해 초에 뽑은 메르세데스 벤츠 E클래스를 보여주고 싶다. 같이 주차장으로 간다. 영철은 차 키 버튼을 누른다.

"삑삑."

영롱한 순백색의 패밀리 세단의 정석, 메르세데스 벤츠 E클래스의 라이트가 깜빡인다. 넥센타이어가 아닌 미쉐린 타이어로 감싸인 휠은 오늘따라 한 번도 쓰지 않은 은색 고기 불판처럼 눈부시게 빛난다.

뒷좌석 문을 연다. 식빵이 담긴 봉지들이 가득 있고, 그 옆에 비닐을 벗기지 않은 새 티셔츠들이 있다. 티셔츠 두 장을 꺼낸다.

"이거는 광수 거, 이거는 광현이 거."

"고맙습니다. 잘 입겠습니다. 아저씨."

"그래, 광현아. 혹시 또 필요한 거 있으면 아저씨한테 얘기해. 아저씨가 가져다 줄게. 광수야, 넌 어떻게 가?"

"우리는 차 안 가지고 왔어."

차도 없나 보다. 아니면 차는 있지만, 너무 구려서 창피한 건가.

"광수야, 오늘 진짜 반가웠다. 이렇게 우리가 또 만날 줄은 누가 알았겠니."

"그래, 연락하면서 지내자. 영현아, 언제 한 번 우리집에 놀러 와. 아저씨가 맛있는 거 사줄게."

영철은 시동을 거는 스타트 버튼을 누른다.

부르르릉.

평소보다 부드럽게 시동이 걸린다.

신사옥 프로젝트

그룹 회장이 최근에 강남에 위치한 신사옥 부지를 매입했다. 여기저기 흩어져 있던 계열사를 하나의 건물로 모아 시너지를 내보자는 회장의 오랜 계획이었다. 원래 있던 건물을 리모델링 해서 사용하자는 것이 해당 프로젝트 담당자들의 의견이었지만, 회장은 새로 짓고 싶어했다. 랜드마크가 될 만한 사옥을 지어 그룹의 위상을 높이는 것이 돌아가신 회장의 아버지가 염원하던 숙원 사업이었기 때문이다.

이 회사의 중간 관리자인 영철은 신사옥 프로젝트팀으로 임시 파견 근무를 하게 되었다. 가장 까다로운 일인 시공사와 설계사 선정은 계획보다 빨리 끝났다. 시공사 입찰 자료를 검토해보니, 한 개 회사를 제외한 나머지 회사들 모두 담합의 정황이 포착되었기 때문이다. 오늘 오후에는 시공사와의 첫 미팅이 있다.

영철과 팀원들은 미리 대회의실에서 기다린다. 잠시 후, 시공사 대표와 직원 몇 명이 안내를 받아 들어온다. 낯익은 얼굴이다.

광수다.

영철과 광수는 서로를 보며 이게 무슨 일이냐는 듯한 표정을 짓는다. '광수야! 여기 어쩐 일이야?'라고 말하고 싶지만 혹시나 뒷말이 나올 수도 있어 꾹 참는다. 회의하는 내내 지금 이 상황이 현실인지 아닌지 헷갈린다.

우리 같은 대기업의 사옥 시공을 조그마한 광수네 개인 회사에서 한다고?

설마…… 하청업체겠지.

아니면…… 회장님과 아는 사이인가?

영철이 멍하게 있는 사이 동료들이 중요한 부분을 확인하고 일정과 대금 지급에 관한 서류를 작성한다. 무사히 회의가 끝나고, 광수와 영철은 회사 근처 카페로 간다.

"광수야, 어떻게 된 거야?"

"입찰 참여했는데 우리 회사가 됐어. 작년에 너희 회사 계열사의 공장 건물 두 채를 지었는데 평이 좋았나 봐."

"그래? 몰랐네."

"나도 좀 놀랐어. 원래 공장 건물만 전문으로 했거든. 그런데 빌딩에 도전해보고 싶었어. 세계적으로 유명한 외국인 설계사가 있는데, 그분이 설계를 하고 우리는 시공만 하는 거야. 설계사가 프랑스인이라 소통을 어떻게 해야 하나 걱정했는데, 한국말을 엄청 잘 하시더라고. 재미있을 거 같네."

"대단하다. 근데 괜찮겠어?"

"뭐가?"

"아니, 사옥 건축 경험도 없고, 혹시 현금 흐름 잘못돼서 회사가 어려워진다거나…… 그런 거 있잖아."

영철은 의심 반, 진심 반으로 물어본다.

"해보는 거지. 너희 회사가 돈 안 줄 회사는 아니니까 나만 잘하면 돼. 영철이 네가 이번 공사 담당자야?"

"어. 원래 마케팅팀에 있다가 사옥 짓는 동안만 담당하게 됐어."

이후 몇 달간 영철이 속한 팀과 설계사, 시공사의 추가 회의가 여러 번 진행되었다.

———

설계가 끝나고 공사가 시작된다. 공사 차량 출입구를 정하고 펜스를 친다. 굴착기와 덤프트럭들이 대기 중이다. 공사 현장에 영철이 온다. 영철을 본 광수가 반갑게 웃으며 인사한다.

"영철아, 오늘 무슨 일이야?"

"회장님이 사옥 건설에 신경을 굉장히 많이 쓰셔. 진행 상황을 거의 매일 보고 받으려고 하시네. 나도 회장님을 뉴스에서나 봤지 실제로 본 적은 거의 없는데, 지금은 신 사옥 프로젝트 하는 우리 팀을 회장실 바로 입구 쪽에 배치해놓았을 정도야."

"내가 사진 보내주면 되는데……."

"직접 가서 사진 찍고 확인하라고 하신다. 브리핑도 해야 되는데 내가 뭐 아는 게 있어야지. 오늘은 뭐 하는 날이야?"

"건축 용어를 많이 쓰면 회장님도 너도 어려울 수 있으니까 쉽게 설명해줄게. 가장 먼저 하는 일은 땅을 파는 거야. 지하주차장, 아케이드 공간을 생각하면 돼. 땅 파는 게 그냥 흙만 걷어내는 거라고 생각하면 쉬운데 거대한 암반이라도 나오면 폭약을 써야 해."

"폭약? 다이너마이트 말하는 거야?"

"어, 그런 거. 폭약을 쓰는 전문업체를 따로 써야 해서 비용과 시간이 추가로 들어. 게다가 주변 민원도 그렇고, 안전도 그렇고, 신경 쓸 게 많아져."

"오케이."

영철은 아이패드를 들고 받아 적는다.

"땅만 계속 파는 거야?"

"그렇기는 한데 옆에 있는 건물들의 지반에 영향을 주면 안 되니까 주변의 흙이 무너지지 않도록 지지하는 작업을 계속 해야 돼. 이걸 흙막이 공사라고 해. 주위 지반이 붕괴하는 것을 방지하는 목적으로 구조물을 설치하는 거지."

"그냥 삽질만 하는게 아니구나. 아, 아니 그런 뜻이 아니고……."

광수는 중장비에 올라타는 기사들을 바라보며 말한다.

"이렇게 땅을 파면 팔수록 설계도면에 있는 건물이 눈앞에 그려지는 게 신기해. 이 종이에 그려진 도면은 상상 속의 그림 같은데, 현실로 실현시킨다는 점에서 내가 옛날에 읽었던 책들, 만들었던 잡다한 것들과도 비슷하더라."

"시작하겠습니다!"

현장 소장이 외친다. 시계를 보니 오전 8시 59분이다.

광수가 맡은 현장에는 원칙이 하나 있다. 첫 삽은 항상 오전 9시에 뜨는 것. 오전에 시작할 수도 있고, 오후에 시작할 수도 있지만 오전 9시에 해야 잘될 것만 같다. 미신인 것 같지만 예전에 광수가 일했던 회사 사장님이 늘 그래왔기 때문에 따라하고 있다. 정확한 이유는 모른다.

대형 중장비 열다섯 대가 투입되어 바닥을 긁어낸다. 한쪽으로 흙을 모으기도 하고, 모아둔 흙을 트럭에 옮겨 신는다. 여태까지 공사장이 있으면 지나가면서 펜스의 틈새로만 봤지 이렇게 직접 안에서 보니 하나의 거대한 왕국을 건설하는 느낌이다. 가슴이 벅차오른다.

광수는 15분 정도만 확인하더니 영철에게 온다.

"광수야, 더 안 봐도 괜찮아?"

"저분들은 베테랑이셔. 저 굴착기 핸들만 30년씩 잡으신 분들이야."

"그래도……. 실수라도 하면 어떡해?"

"관리자가 쳐다보고 있는 걸 더 싫어하는 것 같더라고. 마치 밥 먹고 있는데 누가 쳐다보고 있으면 불편한 것처럼. 그리고 저쪽에 계신 현장 소장님이 나보다 더 잘 아셔서 믿고 맡기는 거야."

영철은 안전모가 답답한지 들었다 놨다 하며 통풍을 시킨다.

"그럼 오늘은 계속 땅만 파는 거야?"

"어."

"언제까지?"

"이 작업이 생각보다 긴데…… 일단 1년 보고 있어."

"1년? 그럼 1년 동안 계속 땅만 파고 있다고 보고해야 돼?"

"하하, 그렇지 뭐. 회장님도 잘 아실 거야."

"그럼 우리 팀은 1년 동안 뭐하지…… 안 그래도 연수원 진급자 교육이다, 영어 교육이다, 여러 개 잡혔는데 잘됐다. 그래도 시간이 많이 남네."

"할 거야 많지. 설계안 검토하면서 외장재, 내장재, 새시, 조명 같은 것들 수정할 거 있으면 미리미리 바꾸고. 은근히 할 일이 많아."

"뭘 알아야 바꾸든가 할 텐데……."

"다른 사옥들 많이 돌아다녀봐. 동선은 어떤지, 어떤 자재가 고급스럽게 보이는지, 어떤 조명이 효율이 좋은지, 유리의 가시광선 투과율은 어느 정도로 할 건지 같은 거 체크해보면 좋지."

"음…… 사진 잔뜩 붙여넣기 해서 파워포인트 만들기는 좋겠네. 뭔가 열심히 돌아다녔다는 티도 낼 수 있고."

영철은 안전모를 벗는다. 머리가 눌렸다.

———

1년이 지나고 터 파기 공사가 끝났다. 주황색의 두꺼운 H빔이 하나씩 현장으로 들어온다. 골조가 세워지기 시작한다. 영철은 다음 날 보고서에 넣어야 할 부분 사진을 깜빡하고 못 찍었다는 것을 깨닫는다. 광수에게 부탁할까 하다가 늦은 시간이라 직접 현장에 간다.

주차를 하고 안으로 들어가려고 하는데 문이 열려 있다. 보통은 당직 근무자가 잠궈놓는데 이상하다. 안으로 들어가보니 당직 근무자와 어떤 남자가 이야기를 나누고 있다. 자세히 보니 광수다. 트레이닝복에 운동화 차림이다. 영철을 발견한 광수가 반갑게 인사한다.

"영철아! 이 시간에 웬일이야?"

"사진을 못 찍은 곳이 있어서 찍으러 왔지."

"이 밤에? 위험하게 뭐 하러 왔어. 나한테 말하지 그랬어."

"밤에 너 번거롭잖아. 그런데 넌 이 시간에 무슨 일이야?"

"조깅하다가 당직 반장님 심심하실까 봐 잠깐 들렀어."

광수의 집은 저 위쪽이라고 했는데……. 휴전선 근처, 철책이 길게 늘어서 있는 그곳.

"너 저 위쪽에 산다고 하지 않았어?"

"어, 저기 위에."

광수의 손가락은 롯데월드타워를 가리키고 있다.

"롯데월드…… 타워? 저기?"

"어. 시그니엘이라고, 일부 층은 레지던스인데 분양 받아서 들어갔어."

그럼…… 롯데월드에서 손가락으로 가리키면서 위라고

했던 것은 저 북쪽 판문점 입구 근처가 아닌 하늘…….

저기서 여기까지는 대략 3킬로미터. 왕복 6킬로미터. 충분히 조깅할 수 있는 거리다. 너무 명쾌하게 맞아떨어져 상쾌한 충격이 영철의 머리를 한 대 치고 지나간다.

"아…… 그…… 그렇구나. 그럼 난 현장 사진 좀 찍을게."

"그래. 반장님, 여기 조명 좀 켜주세요."

파박, 파박.

조명이 투박한 소리를 내며 켜진다. 영철은 정신이 혼미한 채로 사진을 대충 찍는다.

"광수야, 그럼 난 가볼게."

영철은 차 안에 앉아 있다. 어두운 밤, 아무리 멀리 가도 보이는 저 롯데월드타워는 한밤중에 더 아름답게 빛난다. 천당 아래 분당인데 광수는 천당에 살고 있다.

혹시 저 안에 10평짜리 오피스텔이 있나?

분양 받아서…… 청약에 당첨된 건가?

궁금해서 미치겠다.

신호등이 걸리자마자 네이버 부동산을 찾아본다. 뒤에서 빵빵거리며 클랙슨을 울린다. 어느새 초록불로 바뀌었다. 다시 출발한다. 맨날 신호에 걸려서 짜증이 폭발하던 마음은 어디 갔는지 제발 신호등에 걸리기를 소망한다. 주황색 불에서 질주할까 멈출까 갈등케 하던 신호등이 오늘

따라 영롱한 초록빛만 내뿜는다. 어느새 집에 도착한다. 주차를 하고 시동을 끈다.

다시 찾아본다. 10평짜리는 없다. 가장 작은 평수의 실거래가가 50억 원이다.

대체 광수한테 무슨 일이 있었던 거지?

공부도 못했던 골동품 가게 아들이……. 뭔가 이상하다.

옛날에 비트코인을 사뒀나? 하긴 엉뚱한 거 좋아했으니까 그럴 수도 있다.

다시 자세히 물어봐야 할 필요가 있다.

아니, 검증해야 할 필요가 있다.

상상 속의 그림을 현실로 만들기

영철은 요즘 연수원 교육을 받는다. 월요일부터 금요일까지다. 집에서 두 시간을 달려 연수원 주차장에 도착한다. 외제차가 즐비하다.

영철의 벤츠 E클래스 정도면 꿀리지 않는다. 라이벌 BMW 5시리즈가 있지만, 뭐니뭐니 해도 차는 벤츠다. 같은 벤츠라도 C클래스 정도는 가볍게 비웃어준다. 아마도 어린 놈들이 벤츠 한번 타보고 싶어서 겨우겨우 돈 끌어모아서 할부를 왕창 때려서 샀을 것이다. 라이벌에 끼고 싶은 아우디도 보이지만, 폭스바겐급으로 내려간 지 오래다. 역시 차는 벤츠다. 메르세데스 벤츠, 삼각별, 그리고 성공.

강의실에 들어가니 다른 계열사 사람들이 있다. 화학, 증권, 중공업, 자산운용, 엔지니어링, 에너지 등등. 처음에는 어색했으나 아이스 브레이킹 시간을 가지고 나니 살짝 분위기가 풀린다. 과묵했던 아저씨들의 입에서 가벼운 미소가 보이기 시작한다.

첫 시간이 끝나고 쉬는 시간이다. 우르르 몰려서 담배를 피러 나간다. 다들 미간에 깊은 주름 한두 개씩 만들고 핸드폰을 바라본다. 에너지 회사 다니는 사람이 먼저 말한다.

"아…… 우리 회사 거 샀는데 개박살 났네요."

증권사 다니는 사람이 대답한다.

"우리 그룹사 주식은 사면 안 돼요. 우리를 봐요. 우리 같은 사람들이 일하는데 회사가 발전을 하겠어요? 사실 내가 아는 소스가 하나 있는데……."

영철의 눈이 둥그레지며 몸을 돌린다.

"뭔데요?"

"아는 형님이 작전 세력이거든요. 내부 정보를 하나 받았는데……. 아, 형님이 아무한테도 말하지 말라고 그랬는데……."

"에이, 좀 알려줘요. 이렇게 만난 것도 인연인데."

에너지 다니는 사람이 은근슬쩍 옆에 다가서며 말한다.

"그럼…… 우리 조원들한테만 알려주는 거니까 절대 어디 가서 말하면 안 돼요. 저 큰일 나요."

"알았어요. 알았어."

"루나바이오헬스케어. 줄여서 '루바'라고도 하는데요."

"루나바이오헬스케어……."

"우리끼리는 루바라고 불러요. 누가 들으면 안 되니까."

"루바…… 네, 근데 그게 왜요?"

"지금 탈모치료제 3차 실험까지 완료했는데요. 이 약을 아무데나 발라도 털이 막 자라요. 이 사진 좀 봐요. 어쩌면 상장까지 갈 수도 있어요."

같이 있던 사람들이 피던 담배를 멈추고 핸드폰 속의 사진을 본다. 털이 수북하다.

"이거 진짜예요?"

"그렇다니까요. 우리 탈모인들을 구원해줄 이 약이 출시만 되면……바로 그냥 코스피에 나스닥 상장이죠."

"사, 상장이요? 그럼 500만 원어치만 사둬도…… 와……."

"500만 원으로 상한가 치고 상장까지 하면…… 짭짤하긴 하겠지만 인생 역전은 어렵죠. 저는 퇴직금 미리 땡겨 됐어요."

영철은 인생 역전이라는 말에 시야가 뿌옇게 흐려진다. 머릿속의 스위치가 탁 켜지며 불이 쨍하고 들어온다.

다른 주식 다 팔고 청약통장, 비상금을 모두 털어 올인한다!

다음 날, 5퍼센트가 오른다.

그 다음 날, 9퍼센트가 오른다.

상상 속의 그림을 현실로 만들기

쭉쭉 오르고 있다. 신약 테스트가 잘 진행되고 있다는 뜻이다. 머리에서 분비되는 화학물질과 가슴에서 폭발하는 열에너지가 만나 짜릿한 융합반응을 일으킨다.

금요일 오후 2시, 연수원 교육이 모두 끝나고 집으로 향한다. 졸음이 쏟아져 휴게소에서 잠깐 쉬기로 한다. 할인이라고는 전혀 없는 휴게소 편의점에서 옥수수 수염차를 산다. 라면을 한 그릇 먹을까 하다가 소떡소떡을 산다. 소스를 뿌리고 증권 앱을 엄지손가락으로 누른다.

"-73%."

몇 년 전부터 마이너스 90퍼센트에서 마이너스 70퍼센트를 왔다갔다 하던 코인들이 있다.

이건 코인 앱이 아닌데?

다시 배경화면으로 돌아가서 증권 앱을 누른다.

종목명 : 루나바이오헬스케어

수익률 : -73%

이럴 수가, 다시 봐도 마이너스 73퍼센트다. 이것은 꿈이다. 꿈일 것이다. 그럴 리가 없다. 대한민국 탈모인들의 희망이 이렇게 날아가버리는 건 내가 알 바 아니다. 그러나

내 돈이 이렇게 날아가서는 안 된다.

증권사 개새끼.

한 입 먹은 소떡소떡을 쓰레기통에 던져버린다.

배우러 왔는데 잃고 간다.

채우러 왔는데 비우고 간다.

시동을 건다. 액셀을 밟는다.

소리를 꽥 지르고 싶은데 믿기지가 않아서 뭘 해야 할지 모르겠다. 내가 운전하고 있는 것인지 운전 당하고 있는 것인지 모르겠다. 뭐가 진실인지 뭐가 진실이 아닌지 모르겠다.

현재 이 시간과 공간이 상하좌우로 갈라지며 4차원의 기묘한 세계로 이어지는 것 같다. 아니, 내가 스스로 돌이킬 수 없는 그런 공간으로 빨려 들어가기를 소망하고 있는 것인지도 모른다.

밀리는 고속도로를 뚫고 한강공원에 도착한다. 강북과 강남을 연결하는 다리 쪽으로 간다.

영철은 계단을 한 칸 한 칸 올라간다. 왜 오르는지도 모른 채 그냥 걸어 올라간다. 올라갈수록 다리를 건너는 차들의 소리가 가깝게 들린다. 높이 올라갈수록 시야도 높아진다. 다 올라가서 다리 위를 걸어간다. 교통체증 때문에 걷는 속도와 자동차의 속도가 비슷하다.

나는 계속 걷지만 차들은 가다 서다를 반복한다.

다리의 중간 지점에 도착한다.

하늘은 이렇게 높고 푸른데 내 주식은 떨어지고.

강물은 이렇게 넓고 파란데 내 주식은 떨어지고.

파래서 떨어지는 건가?

난간을 잡고 고개를 쑥 내밀어본다.

늘 궁금했다. 한강에서 뛰어내리면 진짜 죽는지.

그때……

담배 피러 가지 않고 화장실에 갔었더라면.

그때……

그 사람 말을 흘려들었더라면.

그때……

그 시간으로 되돌릴 수만 있다면.

그때 그랬으면……

그때 그랬다면……

그때 그랬다는 그 세계로 돌아갈 수만 있다면.

이상하게도 이 기분이 익숙하다. 살아 있음을 느낀다.

머리칼이 말랑말랑한 바람에 휘날린다.

이 바람. 기억난다. 입사 후 첫 회식이 끝나고 기분이 너무 좋아서 혼자 걷던 길에 느꼈던 그 바람이다.

겨울이 끝나갈 무렵의 차가운 바람과 봄의 시작을 알리는 미지근한 바람이 적절히 섞여, 적정한 온도로 얼굴을 만지고 지나갔던 그 바람이다.

그때 누군가 소리친다.

"어이, 아저씨!"

놀라서 소리가 나는 쪽으로 뒤돌아본다.

느리게 움직이던 자동차 안에서 어떤 할아버지가 창문을 열고 손을 내젓는다.

"떨어져도 안 죽어! 그러니까 그냥 집에 가! 어여 가! 쓸데없는 생각 말고!"

힘겹게 목에 핏대를 세우고 큰 소리로 외친다. 차 안에 있는 노인의 얼굴은 그림자 때문에 거의 보이지 않는다. 오래 살아본 사람으로서 과거의 경험에서 깨달은 진실을 반드시 전달하려는 것만 같다. 노인의 차는 조금씩 조금씩 움직이며 멀리 사라지고, 영철은 그 뒤를 멍하니 바라본다.

카톡.

과장님, 월요일 오전에 회장님이 보고 받으시겠답니다.

바람을 뒤로 하고 다리에서 내려온 영철은 현실과 도저히 타협이 되지 않은 기분으로 공사 현장에 들른다. 오늘도 광수는 안전모를 쓰고 안전화를 신고 현장을 진두지휘하고 있다.

영철은 울상을 지은 채 현장을 둘러본다. 풀이 죽은 영철의 모습을 본 광수가 물어본다.

"야, 너 무슨 일 있냐?"

"술이 땡긴다. 망했어."

영철은 진짜로 망한 표정이다.

"왜? 뭔데?"

"광수야, 나 울고 싶어."

"안 되겠다. 우리 집으로 가서 술 한잔하자."

광수는 현장 소장한테 가서 뭐라고 말을 하더니 안전모와 안전화를 벗고, 노란색 나이키 운동화로 갈아 신는다.

택시를 타고 광수네 집으로 향한다. 외계 행성 같은 느낌의 롯데월드타워가 점점 가까워진다. 정말 높고 크다. 택시는 호텔 정문 같은 곳에 정차한다.

멀리서 보기만 했지 처음 와본다. 내가 사는 아파트의 입구와는 전혀 다르다.

졸고 있는 경비 아저씨들이 아닌, 대통령 경호원 같은 사람들이 서 있다. 입장권을 예매하고 들어가야 할 것만 같다.

입주민들만 들어갈 수 있는 통로를 따라 들어간 뒤, 카드를 찍고 엘리베이터 버튼을 누른다.

뭐지? 호텔에 사나? 집이랑 현장이 멀어서 공사비로 호텔에 사는 건가?

영철의 머리는 자꾸 이런 방향으로만 향한다.

61층을 누른다. 61은 박찬호의 등번호다. 어릴 때부터 광수는 박찬호를 좋아했다.

"설마 61층……."

"맞아. 박찬호 등번호. 여기 살 때 일부러 고른 건 아닌데, 선택할 수 있는 매물이 별로 없었어."

대화를 하는 사이 벌써 61층에 도착했다. 현관문이 보인다. 심장이 두근두근 뛴다.

갑자기 대한민국에서 가장 높은 아파트, 가장 비싼 아파트에 오다니.

신발을 벗는다. 광수가 항상 신고 다니는 노란색 운동화가 황금 운동화로 보인다.

광수의 아내와 예전에 롯데월드에서 만난 적 있는 광현이가 나와 인사를 한다.

"들어와. 여기는 와이프, 광현이는 전에 봤었지?"

"안녕하세요, 아저씨."

광현은 90도로 인사한다. 영철은 애써 웃음 지으며 광현의 머리를 쓰다듬는다.

집안을 둘러본다. 어두워서 밖이 잘 보이지는 않지만 강변북로와 올림픽대교가 보이는 것을 보니 저쪽은 한강인 것 같다. 산에 높이 올라가야 보일 것 같은 야경이 펼쳐져 있다. 거실에는 커다란 액자에 빨주노초파남보 무지개 색채의 낙서 같은 그림이 있다. 비싸 보인다.

광현은 창가에서 천체망원경을 들여다보고 있었는지, 인사를 하자마자 다시 돌아가서 망원경을 들여다본다.

"아빠, 저기 북두칠성이 있어요."

"그래? 다른 별자리도 찾아보렴. 아빠는 아저씨랑 얘기 좀 할게."

광수는 와인셀러에서 레드 와인을 꺼내고, 냉장고에서 식빵과 치즈를 꺼낸다. 작은 나무 도마도 꺼내더니 그 위에 치즈를 얇게 썰어 올린다.

"광수야, 나 잠깐 화장실 좀 갈게."

영철은 화장실에 들어간다.

대리석으로 둘러싸인 이곳은 웬만한 집 안방보다 넓은 것 같다. 변기 쪽으로 가니 변기 뚜껑이 자동으로 열린다. 다이슨 헤어드라이어도 있다.

욕조를 살펴본다. 뭔가 있다. 얼음이다. 얼음으로 가득 채워져 있다.

욕조에 웬 얼음이지?

손을 다 씻고 나간다. 주방으로 가는 길에 서재가 보인다. 자연스럽게 그쪽으로 발걸음이 옮겨간다. 책이 가득 차 있다. 넓은 책상에 노트북이 가지런히 올려져 있다. 가족 사진이 있다. 펜과 연필이 있다. 깔끔하고 모던한 분위기에 맞지 않게 낡은 연필깎이가 있다. 기억난다. 고등학교 때 광수가 쓰던 것이다. 왜 이걸 그대로 놔두고 쓰는지 모르겠다.

의자는 두툼한 검은색 가죽과 짱짱한 매시 소재의 조합이다. 회장님 오피스보다 더 럭셔리하다. 호텔 스위트룸보다 더 럭셔리하다. 영철은 최대한 침착한 척한다. 이런 곳에 자주 와본 사람처럼 보이고 싶다. '마이너스 73퍼센트'는 잠시 기억에서 잊혀진다.

그 사이 광수가 스피커를 켠다. 잠시의 정적을 뚫고 쇼팽의 〈피아노 협주곡 2번 2악장 라르게토〉가 잔잔하게 흘러나온다. 고급스러운 음악이다.

광수는 레드 와인의 코르크 뚜껑을 딴다. '퐁' 소리가 난다. 고급스러운 소리다.

와인을 와인잔에 따른다. '쫄쫄쫄쫄' 소리가 난다.

고급스러운 소리다.

잔을 살짝 부딪친다. '챙' 소리가 난다. 고급스러운 소리다.

광수가 걱정스러운 목소리로 조용히 물어본다.

"무슨 일이 있어?"

다시 '마이너스 73퍼센트'가 떠오른다.

"망했어……."

"뭐가?"

"누가 추천해준 주식을 샀는데…… 휴지 조각이 됐어."

"얼마나 샀는데?"

"5천."

"5천? 그게 얼마나 떨어졌는데?"

"내일이면 500원 될 것 같다."

"뭐라고? 그건 사기잖아. 주식은 회사의 가치인데 회사가 500원일리가 없잖아. 거기에 있는 볼펜만 다 합쳐도 500원은 넘겠다."

"어…… 사기였던 것 같아."

"그건 어떻게 사게 된 거야?"

"주식은 예전부터 쭉 하긴 했지. 근데 연수원에서 증권사 근무하는 사람이 신약 개발하는 회사의 내부 정보를 안다고 해서 모아둔 돈을 다 밀어넣었는데……."

"그게 5천이야?"

"어. 500만 원만 하려다가 그 돈으로 인생 역전은 어려울 것 같아서…… 딱히 5천을 어디 당장 쓸 데도 없고 하니까…… 증권사에서 일한다니까 믿었지."

"아…… 큰일이네……."

두 남자는 와인을 한 모금 마시고 식빵 한 조각을 먹는다. 영철은 맛을 음미한다.

"음, 이 식빵 저온 숙성한 것 같은데?"

"어떻게 알았어?"

"내가 빵돌이잖아. 전국에 있는 식빵은 내가 다 먹어봤지. 아무튼, 너는 주식 하냐?"

"가끔 하지."

"주식을 가끔 한다고? 무슨 말이야? 주식장은 매일 열리잖아."

매일 주식 앱을 들여다보는 영철은 의아하다.

"2~3년에 한 번 정도 폭락장 왔을 때만 사."

"그럼 언제 팔아?"

"예전에 그런 말이 있었잖아. 동네 할머니들이 지갑 들고 증권사에 가서 주식을 사기 시작할 때는 거품이 꼈으니 팔아야 할 때라고. 근데 그게 틀린 말은 아닌 것 같아서 더 오를 것 같은 기대감이 있더라도 과열되었다는 신호가 오면 팔아. 그 기대감을 낮추는 게 주식 투자의 핵심인 것 같더라고."

"기대감?"

"기대감에는 두 종류가 있어. 매수한 종목의 주가가 올라갈 때는 더 올라갈 거라는 기대감이 있고, 매수하고 싶은 종목의 주가가 떨어질 때는 더 떨어지면 싸게 살 수 있을 거라는 기대감. 이 기대감만 줄여도 최소 손해는 안 보는 것 같아."

"하아…… 그야 말은 쉽지."

"그렇지. 저점과 고점은 아무도 모르니까. 그래서 저점과 고점을 알려고 하는 것보다는 일단 시세가 많이 훅 빠졌을 때 그때 사면 안전 마진은 가지고 들어가는 거지. 그게 다야."

"미국 주식도 해?"

"응, S&P500에 묻어두고 장기로 가져가고 있어. 사실 미국 주식을 하는 가장 큰 이유는 달러 보유 차원이기도 해. 달러는 기축통화이고 앞으로도 달러를 대체하기는 힘들 거라고 보거든. 비트코인이 달러를 대체할 수도 있다고 몇 년 전부터 떠들썩했는데 지금 보면 말이 안 되는 얘기였지. 만일 비트코인의 시세가 안정적으로만 갔어도 달러와 경쟁해볼 기회라도 있었을 텐데, 변동성이 너무 크다 보니까 안정성이라는 필수 조건에 부합하지 않았던 거야. 부자들을 만나보면 다들 수익률이 낮더라도 안정적인 것을 원해."

"그럼 주식의 가장 큰 리스크는 뭐야?"

"부동산에서 가장 큰 위험은 천천히든 빨리든 그 도시에서 사람들이 빠져나가는 것이고, 주식의 가장 큰 위험은 폭락장이나 폭등장보다는 내가 투자한 회사가 사라지는 게 아닐까 싶은데."

루나바이오헬스케어는 아직 사라지지 않았다.

야, 영철아! 정신 차려!

영철은 눈을 질끈 감고 고개를 세차게 흔든다. 학생 때 공부 못했던 광수가 지적으로 보이기 시작한다.

그럼 여기 들어온 것도 주식으로 돈을 벌어서인가?

머리 아프다. 주식 얘기는 그만하고 싶다.

"그런데 네가 공사 첫날에 한 얘기 말이야. 종이에 그려진 도면은 상상 속의 그림 같아서 현실로 실현시킨다는 점에서 마치 옛날에 읽었던 책이나 네가 만들던 잡다한 것들과 비슷하다고 했었잖아. 그게 무슨 뜻이야?"

"내가 그런 말을 했었나?"

"어. 공사 시작한 첫날."

"기억력도 좋다."

광수는 와인 잔을 휘휘 돌린다. 담겨 있는 와인이 회전 운동을 한다. 고급스러운 회전 운동이다.

"다른 애들이 참고서나 문제집 같은 거 볼 때 나만 시험하고는 전혀 상관없는 책들을 봤어. 내 유일한 취미는 부모님 가게에서 안 팔리는 것들이나 못 파는 물건들 모아서 붙였다가, 뗐다가, 억지로 끼워 맞추다가 하면서, 그런 걸로 시간 다 보내고 그랬지."

"맞아. 너 그랬어."

"그것들을 딱히 버리기도 아깝고 해서 가게 한쪽 구석에다가 모아뒀거든. 그런데 신기한 일이 있었어."

"뭔데?"

"대학생 정도 되어 보이는 사람이 와서 내가 조잡하게 만든 구석에 있는 것들 중에 하나를 사고 싶다는 거야. 사실 버리려고 둔 건데 잘됐다 싶어서 어머니가 2만 원에 파셨어. 그런데 3개월 뒤에 신문을 봤더니 신진 작가라면서 그 사람이 인터뷰 한 기사가 떡하니 있더라."

"그게 뭐? 원래 예술 하는 사람이었나 보네."

"그 사람 데뷔작이 뭐였냐 하면, 내가 만든 거에다가 페인트칠을 한 거야."

"뭐? 그거 사기 아니야?"

"모르겠어. 그 작품 제목이 '마이너스와 마이너스의 연결'이었어."

"완전 미친놈이네."

"인터뷰 내용에 '영감을 얻기 위해 1년 동안 전국을 돌아다니다가 어느 골동품점에서 내 발길이 멈추었다'라고 써 있었는데, 그 다음 내용은 기억이 안 나네. 1년 동안 돌아다닌 게 사실인지 아닌지는 모르지만 사실이라면 너무 기분이 좋을 것 같아."

"야, 네 작품을 빼앗겼는데 뭐가 기분이 좋아?"

"1년 동안 본 것들 중에 내가 만든 게 제일 좋았다는 거잖아. 그거면 됐지. 그리고 내가 아무리 그것을 가지고 있어 봤자 그냥 폐기될 게 뻔한데 가치를 창조해낼 줄 아는 누군가로 인해서 새로운 옷을 입고 세상의 빛을 봤다면, 그걸로 됐어."

"그래도 그렇지. 어휴, 아깝다."

영철은 치즈를 쥐포 씹듯이 질경질경 씹는다. 광수는 치즈를 녹여 먹기라도 하듯이 입안에서 풍미를 느낀다.

"그때 배운 게 있었어."

"뭘 배워? 사기 치는 거? 남의 물건에다가 색칠해서, 스타로 등극하는 거?"

"그렇게 생각할 수도 있는데, 이 사람은 왜 하필 아무도 쳐다보지 않는 것에 관심을 보였고, 그걸로 어떻게 신인 작가상을 받을 수 있게 됐는지, 그게 궁금했어. 난 그것도 능력이라고 보거든. 누가 무엇을 볼까, 무엇을 누가 볼까, 무엇을 언제 쓸까, 무엇을 어디에 쓸까, 무엇을 어떻게 쓸까, 무엇을 왜 쓸까, 그 사람이 했을 법한 고민들을 해봤어. 왜 자신은 작가가 되어야 했는지, 그리고 어떤 작품을 만들어내야 했는지, 혹시나 작품을 만들었다면 어디에 어떻게 써야 할지 그런 것들."

"그게 배웠다는 거야?"

"어. 나는 아무 생각없이 만든 거고, 그 사람은 많은 생각 끝에 그것을 작품으로 만들어낸 거지."

"너도 그거 만들 때 생각을 많이 했을 거 아니야?"

"그렇긴 하지. 그런데 나는 그걸로 뭘 할 수 있을지 그 다음은 생각을 안 했던 거야. 할 줄도 몰랐고. 결국에는 주체적으로 발전시켜갈 수 있느냐 없느냐, 그 차이였어. 같은 물건이 있어도 누구는 그냥 구석에 처박아두고, 누구는 그것을 예술작품으로 만들고. 성공하고 못 하고는 그 차이에서 시작하는 것 같아."

"세상에 드러내느냐 드러내지 않느냐, 그 차이 아니야?"

"음…… 그럴 수도 있지만, 목적과 목표가 있는지, 그게 가장 큰 차이 같더라고. 네가 우리 가게에 왔을 때 항상 양동이가 거실 한가운데에 있었던 거 기억나지?"

"그래. 물 샌다고 했었지."

"전에는 그 집을 지은 사람만 욕했거든. 그런데 그 미술

작가 이야기를 신문에서 본 후로는 생각이 바뀌더라고. '차라리 내가 물이 안 새는 건물을 만들어버리자'라는 생각이 들기 시작했어. 그게 지금의 나를 이 바닥에 있게 한 거야."

영철은 이해가 가면서도 가지 않는다. 사실 시그니엘에 살게 된 계기, 즉 돈을 어떻게 많이 벌었는지가 궁금하다. 그러나 그걸 직접적으로 물어보기는 민망하다.

혹시…… 루나바이오의…… 작전 세력?

주가만 잔뜩 올려놓고 최고점에서 싹 다 팔아치운…….

"영철아."

"어, 어?"

"무슨 생각해?"

"아, 아니야. 계속 얘기해봐."

"그 일이 있고 나서 고등학교 때부터 어떻게 집을 지을 수 있을까 연필로 막 그렸어. 처음에는 백지에 그려보다가, 며칠 뒤에는 모눈종이를 사서 그렸지. 그런 그림들이 '아기돼지 삼형제'에서나 나올 법한 단순한 집 모양이더라고. 그러다가 안 되겠다 싶어서 건축학과가 있는 대학을 들어간 거야. 지금 생각해보면 그때 그렇게 그림을 그리지 않았으면 나는 집을 짓고 싶다고 원하기만 했을 뿐 진짜 집을 짓는 사람은 될 수 없었을 거야. 도면은 마치 상상 속의 그림 같은데 이것을 현실로 실현시킬 수 있다는 것은 그런 의미야."

상상 속의 그림을 현실로 만들기

"질문 있어. 만약에 도면을 잘못 그리면? 이상한 길로 갈 수도 있잖아."

주식으로 폭삭 망한 내가 왜 이런 질문을 하고 있지?

나보다 공부도 못했던 광수한테 왜 배우고 있지?

아니야. 이건 배우는 게 아니야. 그냥 토론이야.

와인을 한 모금 마신 광수가 말한다.

"그게 가장 큰 걸림돌이야."

"도면 그리는 게?"

"잘못 그릴까 봐 아예 안 그리는 게."

아, 뼈 맞았다.

내 의도는 그런 뜻이 아니었다고 말하고 싶다.

"아…… 아니 아니, 내 말은 그게 아니라 그리긴 그렸는데 잘못된 방향으로 가거나 내가 생각하지 않았던 방향일 수도 있잖아."

"그런 일이 실제로 많아."

"응? 많다니?"

"터 파기 끝난 후에 콘크리트 타설하고, 기초 골조 공사까지 다 끝냈는데 미세하게 한쪽으로 기울어져 있는 거야. 그 상태에서 건물을 올리게 되면 저층까지는 티가 안 나도 고층으로 가면 갈수록 기울어진 게 보이거든. 미관상 문제일 뿐만 아니라 안전과도 직결되지."

"그럼 다시 지어야 하는 거야?"

"그 수평을 다시 맞출 수만 있다면 그렇게 해야 되는데 이미 건물이 올라간 상태라면 기울기를 보완할 설계를 다시하면 돼. 근데 이걸 안 하는 사람들이 많아. 비용도 많이 들고 시간도 꽤나 늘어나게 되니까. 그러다가 결국에는 안전사고 문제로 이어지게 되는 거지."

"어이가 없네. 왜 안 고치는 건데?"

"자존심 때문에."

"뭐라고?"

"과거의 자신이 잘못해왔다는 것을 인정해야 수정할 수 있는데, 바로 눈앞에 잘못된 것이 보여도 틀렸다는 사실을 받아들이지 않으려고 안간힘을 써."

"그러다가 건물 무너지면 어떡하려고……. 무섭다."

"무섭지. 근데 건축하는 사람들만 그러는 게 아니라 이 세상 대부분의 사람들이 그래."

"무슨 말이야?"

"자신의 주장이 잘못되었다는 게 드러나면 '잘못했다, 내가 틀렸다'라고 말하지 않고 온갖 변명과 핑곗거리를 찾으려고 애를 쓰잖아. 좀 더 크게 보면, 내가 이렇게 살아온 게 잘못된 방향이라는 것을 알고 고치면 되는데 '나는 그래도 잘 살아왔다, 이대로 살아도 괜찮다'라며 합리화를 하려는 것이 보통 사람들의 속성이라는 거지."

"내가 잘못 살아왔다는 걸 어떻게 알지? 그리고 어떤 게 잘 사는 거고 어떤 게 잘 못 사는 거야?"

"그건 각자의 내면이 더 잘 알지. 내면의 외침에 귀를 기울이느냐, 아니면 귀를 막느냐 그 차이일 뿐이고."

돈 좀 벌었다고 잘난 척하는 것 같다. 그래도 물어보는 김에 계속 물어본다.

"돈이 있고 없고의 차이인 거야?"

"어느 정도 연관성이 있긴 하지만, 좀 더 근본적인 문제야. 불편함을 알면서도 계속 불편함을 안고 가기 때문에 불만이 쌓이는 것. 그게 잘 못 살고 있는 거지."

"불편함을 계속 안고 간다라……. 예를 들면?"

"음…… 영철아, 이건 너를 빗대어 하는 얘기가 절대 아니야. 전에 롯데월드에 갔을 때, 인당 8만 9천 원을 주고 프리미엄 티켓을 샀어. 놀이 기구 10개를 줄 서지 않고 탈 수 있는 티켓이지. 한 시간씩 기다리고 있는 사람들은 나를 부러운 눈으로 쳐다봤다는 것을 알 수 있었는데 그 사람 중에 과연 '저 사람은 뭐 하는 사람이야?'라고 생각한 사람이 많았을까, 아니면 '나도 소득을 올려서 꼭 저 티켓을 사야지'라고 생각한 사람이 많았을까?"

"솔직히 줄 안 서고 타는 사람들을 봤을 때는 새치기 당하는 느낌이 들었어. 저 사람들은 돈 많다고 줄도 안 서나 하고 말이야."

"그렇지. 돈으로 많은 것을 할 수 있는데 그게 같은 장소에서 직접적으로 비교가 되면 짜증이 날 수 있지. 하지만 돈으로 시간을 사고, 편안함을 사는 이런 차이는 더 거대한 공간과 시간 속에서 벌어지고 있어."

"뭔데?"

"부자들은 직장과 가까우면서 넓은 공간에서 살아. 그렇지 않은 사람들은 직장과 멀면서 좁은 공간에서 살지."

"그래. 그렇게 살고들 있지."

"직장을 놀이 기구라고 생각해봐."

영철은 잠시 생각에 잠긴다.

부자들은 놀이 기구에서 줄을 안 서고 시간을 아끼듯이 직장도 가까운 곳에 살면서 시간을 아낀다.

"내가 이해하는 그거 맞지?"

"어, 맞아. 넌 똑똑하니까. 내가 아까 불만만 많은 사람은 잘 못 살고 있다고 했잖아. 불만만 많다는 것은 싫은 것은 많은데 아무것도 안 하는 사람이고, 반대로 불만이 있어서 그걸 어떻게 해보려고 하는 사람은 완전 다른 길을 걷게 되지. 불만, 불만족 같은 것들을 그냥 두고 사느냐, 또는 내가 조금만 고치면 만족스럽게 고칠 수 있을 것 같아서 실제로 고쳐보느냐, 그런 갈림길."

"불만만 많은 사람과 불만을 고쳐보려는 사람……."

영철은 한숨을 푹 내쉰다.

귀찮기도 하고, 할 줄 아는 것도 없고, 회사 끝나면 피곤해서 쓰러지기 바쁜데 뭘 하란 말인지.

광수와 영철은 와인 잔을 들고 창가로 간다. 자세히 창밖을 보니 굽이치는 한강이 길게 펼쳐져 있다. 한 마리의 청룡 같다.

영철은 가까이서부터 저 멀리까지 보이는 수많은 집들 중에 내 집은 없다는 게 허탈하기만 하다. 사실 얼마 전부터 전세금 올려달라는 압박에 대출까지 받아야 하는지 고민도 했다.

이 사실을 광수에게 물어볼까, 말까.

마지막 자존심인데.

여기 사는 사람이 전세 사는 사람의 속사정에 공감해주기나 할까.

와인 잔에 남아 있던 검붉은 액체를 쭉 마신다.

"광수야, 사실 나 전세 살고 있는데 지금이라도 집 사야 될까?"

광수는 아무렇지 않은 표정이다. 혹시나 승리의 미소나 무시의 비웃음이라도 있으면 어쩔까 걱정했지만 너무 담담해서 맥이 빠지는 기분이다.

"내 집 한 채는 있는 게 좋지."

"집 한 채 있다고 해서 부자가 되는 건 아니잖아."

"반대로 생각해보면…… 부자 중에 전세 사는 사람이 있을까?"

"그러네. 부자들은 다 자기 집이 있네. 후우……."

영철은 와인을 한 모금 마신다.

어느새 알딸딸해졌다.

창에 비친 광수를 보며 말한다.

"나 말이야. '그그세계'로 가고 싶어."

"그그세계?"

"응. '그때 그랬으면이라는 세계'."

"무슨 말이야?"

"그때 그랬으면 다른 결과가 있었을 텐데…… 그때 그랬으면 지금의 나와는 다른 내가 되어 있을 텐데…… 뭐 그런 일종의 후회이기도 하고 상상이자 망상이기도 하고."

"누구나 그런 상상을 하잖아."

"그렇긴 하지."

"가보지 않은 길이니 긍정적인 부분만 보이는 게 아닐까?"

"그럴 수도 있지. 현실과 타협하면서 가장 익숙한 선택만 해온 것에 대한 미련일 수도 있고……."

한동안 광수와 영철은 창밖을 바라본다.

———

영철은 집에 도착한다. 늦은 시간인데 아내와 영현은 안 자고 있다.

"영현아, 아빠 왔다."

"네, 아빠. 다녀오셨어요?"

영철은 재킷을 벗고 소파에 털썩 앉는다. 엉덩이가 소파 속으로 쑥 빨려 들어간다. 주변의 공기를 깊게 빨아들였다가 길게 후욱 내쉰다.

창밖에는 달이 떠 있다. 유난히 동그랗고 밝다.

"영현아, 저 달에는 누가 살까?"

"에이, 달에 사람이 어떻게 살아요."

"아빠도 저기에는 아무도 안 사는 줄 알았는데 아빠 친구가 살고 있어."

"네?"

영철은 달 쪽으로 팔을 쭉 뻗어본다.

"닿을 수 있을까?"

영현은 영철을 물끄러미 바라본다.

초등학생인 영현에게도 무슨 생각이 있는 것 같다.

영철의 내 집 마련

영철은 혼자서 점심 식사를 한다. 광수의 성공에 알 수 없는 기분에 사로잡힌다. 지금은 누구와도 같이 밥 먹을 기분이 아니다. 증권 앱은 눌러볼 용기조차 나지 않는다.

답답한 마음에 회사 근처에 있는 점집에 간다. 동료들이 용하다고 했던 곳이다.

내가 이런 곳에 갈 줄이야.

이제까지 다 미신이라고 생각해왔지만 발길은 그쪽을 향해 있다. 어느새 화려한 한복에 짙게 화장을 한 무당 앞에 다소곳이 앉아 있다.

"아니 뭐 하다가 이제 왔어?"

방석에 앉자마자 왜 이제 왔냐고 한다.

"흙이 부족해…… 나무도 부족해……. 쯧쯧쯧."

"네?"

"자네 얼굴에서 부족한 게 보여. 왜 그렇게 힘들게 살아왔어?"

갑자기 이 한마디에 영철의 마음이 뭉클해진다. 그동안 누구에게도 받지 못한 위로를 한복 입은 누님이 해주고 있다. 저 누님의 진심 어린 눈빛이 영철의 심장을 관통한다.

"자네 어디 사나?"

"분당 삽니다."

"에휴, 여태까지 살면서 바람 잘 날이 없었지?"

"네."

"이유가 뭐냐 하면, 자네는 이미 물이 많아서 여기 탄천 근처에 있으면 안 돼. 수맥을 피해야 해."

주식으로 망한 것도, 아직까지 내 집 하나 없던 것도, 자고 일어나면 뻑적지근했던 것도 다 이유가 있었구나.

"모든 사람은 기운과 성질이 다르기 때문에 자기한테 맞는 집에 살아야 안될 일도 잘된단 말이야."

"그렇군요. 그래서 제 인생이 이것밖에……."

"자네한테 재물운과 명예운이 다 따르려면 지금 집에서 살면 안 돼. 물과 멀리 떨어진 곳에 가야 흉한 것들을 피해갈 수 있어."

"어디로 가야 하나요? 혹시 추천해주실 만한 곳 있으십니까?"

"산 쪽으로 가는 게 좋아. 깊고 깊은 산이 아니라 물과 멀리 떨어져 있고 집 뒤로 나무가 많은 곳이면 돼."

"그렇게 이사를 하게 되면 제 아이가 학교를 다니고 있어서 차로 멀리 왔다 갔다 하거나 전학을 가야 할 것 같은데요."

"떼끼, 이 사람아! 자네 자식도 인생 꼬이게 할 텐가! 흙과 나무가 부족한데 물가에 살면 물이 넘쳐서 산사태가 일어나는 게야! 적은 양의 흙에 물이 많이 섞여버리면 쌓아 올리기도 힘들고, 여태까지 쌓은 공들도 한 번에 와르르 무너져 내려!"

누님이 갑자기 소리를 쳐서 놀라긴 했으나 진정으로 나를 걱정해주는 것 같다.

현금이 없어서 카드결제를 한다. 10퍼센트를 추가로 달라고 한다. 평소 같았으면 아까웠을 텐데 오늘은 이상하게 아깝지가 않다.

밖으로 나오니 청계천이 보인다. 내가 이 회사에서 안 풀리는 것도 저기 흐르고 있는 청계천 때문인가. 별의별 생각이 다 든다.

커피를 한 잔 테이크아웃 해서 광화문 거리를 걷는다. 맞은편에서 오는 사람들이 밝게 웃고 있다. 같은 계열사지만 별로 동질감이 느껴지지 않는다. 다들 동료들과 잘 어울리면서 회사 생활에 만족해하는 것 같다.

나만 불만족스러운가.

왜지.

왜 나만…….

"여기 잠깐만 들렀다가요."

어떤 아주머니가 쇼핑백을 들이밀면서 내 팔짱을 낀다.

"잠깐만 들어갔다가 가요. 한 번만."

간절한 부탁조의 말투에 나는 끌려간다.

타운하우스 분양사무소.

"아이고, 선생님. 안녕하십니까. 들어오십쇼. 설명 잠깐만 들으시면 됩니다."

얼굴에 기름기 가득한 아저씨가 나를 테이블로 끌고 간다.

"경기도 광주에 있는 타운하우스입니다. 일반 단독주택의 단점을 싹 다 보완했습니다. 답답한 도심 속 삶에서 벗어나 자연을 벗 삼아 살아가기엔 더할 나위 없는 곳입니다. 얼마 후에는 이쪽으로 진입 도로가 날 예정이고, 근처에는 골프장이 조성되어 있어 기본적인 조망이나 교통 여건이 너무 좋죠. 장기적으로 이쪽의 가치가 고공 행진을 할 것 같습니다. 실례지만 어디 사시나요?"

"분당에 삽니다. 그런데 저희 아이가 학교에 다니는데

좀 멀 것 같은데요."

"아이고, 분당 사셨군요. 분당은 차로 20분이면 갑니다. 아파트 층간 소음 때문에 이사 오시는 분들이 정말 많습니다. 그런데 대부분 '전문직'이시더라고요. 자녀를 위해서라면 20분 라이딩 하는 것 정도는 아무렇지 않게 생각하시죠."

영철은 팸플릿에 나와 있는 지도를 본다. 주변이 강이나 하천이 없다. 뒤에는 산이다. 흙과 나무가 많다는 뜻이다.

마음이 미세하게 흔들린다.

"아파트는 주차할 자리도 찾아야 해서 불편하지 않습니까? 여기는 주차 공간이 두 대나 마련되어 있어서 현관문 코앞에 딱 대고 바로 집으로 들어가시면 됩니다. 또 공용 게이트가 있어서 입주민 아니면 아무도 못 들어옵니다. 보안에도 아주 신경 썼지요. 하하하."

"네……."

"저희가 샘플로 꾸며놓은 곳이 있으니 한번 둘러보시죠."

한쪽에 있는 모델하우스 공간을 본다.

아늑하다. 안 그래도 영현이한테 뛰지 말라고 하루에 열 번은 말하고 있는데 정말 딱이다. 주방은 1층에 안방은 2층에 있어서 음식 냄새 걱정도 없을 것 같다. 영현이의 친구들도 모두 '전문직' 자녀들. 오호라, 그럴싸하다.

마음이 격렬하게 흔들린다. 머리는 어느새 한쪽 방향으로 회전하고 있다. 좋은 곳이다. 투자 가치가 있다. 부자가 될 수 있을 것이다. 루나바이오헬스케어와는 완전히 다른 결과를 가져다줄 것이다.

머릿속 스위치가 다시 한번 달칵 켜진다.

그렇게 영철은 타운하우스를 계약한다.

오늘은 콘크리트 타설을 하는 날이다. 현장에는 레미콘 트럭들이 길게 줄을 서서 엉덩이를 빙글빙글 돌리고 있다.

갑자기 폭우가 쏟아지기 시작한다. 현장 소장이 걱정스럽게 하늘을 보며 말한다.

"금방 그칠 것 같은 비가 아닌데. 광수 사장, 오늘은 안 될 것 같아."

"네, 소장님. 철수하는 걸로 할게요."

그렇게 현장 소장과 의논한 광수는 인부들에게 철수를 지시한다. 스마트폰으로 레미콘 트럭을 찍던 영철은 투덜거린다.

"기상청 진짜 왜 저래."

"영철아, 파전이나 먹으러 가자."

"나 막걸리는 못 마신다. 회사 다시 들어가봐야 돼."

광수는 알았다는 듯이 영철의 어깨를 툭툭 치며 공사장 뒤편에 있는 작은 파전 집으로 간다.

"이모! 여기 된장찌개랑 해물파전 하나씩이요!"

광수는 능숙하게 주문을 한다. 자주 와서 능숙한 건지 가격에 신경을 쓰지 않아서 능숙한 건지 모르겠다. 플렉스라는 게 이런 건가. 가격 따위는 신경 쓰지 않는 자신감. 영철은 자신의 페라가모 벨트가 초라해 보인다.

보글보글 끓고 있는 된장찌개가 나온다. 오징어가 가득 올려진 해물파전도 바로 뒤이어 나온다. 파전을 젓가락으로 찢는다. 불규칙하게 찢어진다.

광수가 파전을 한 점 집으며 말을 꺼낸다.

"네가 샀다는 그 주식. 내가 좀 알아보니까 완전히 사기는 아닌 것 같고 이제서야 뭔가 시작하는 회사 같던데. 조만간 한번 직접 가보려고."

"알아봤구나. 나는 그냥 다 포기하고 있었는데. 청약통장도 깨고, 와이프 몰래 얼마나 열심히 모은 비상금인데…… 죽겠다. 돈 언제 다시 모으냐."

묵직한 공기가 주변을 맴돈다.

"광수야, '티끌 모아 태산'이라는 말이 맞는 말이야? 월급은 조금 쓰고 나면 남는 게 없어. 진짜 쥐꼬리만큼 남는데 그거 모아서 집 사고, 투자하고, 하아…… 노답이다."

"티끌을 아무리 모아도 티끌이지. 훅 불면 휙 날아가버리니까."

이 자식이…… 지금 놀리나.

광수가 말을 이어간다.

"그런데 티끌을 불리면 태산이 돼."

"응? 불린다고? 투자를 말하는 거야?"

"맞아. 하지만 더 중요한 게 있어."

"뭔데?"

광수는 국자로 된장찌개를 퍼서 영철의 앞접시에 덜어준다. 특히 두부를 많이 준다.

광수는 충고하는 것처럼 들리지 않도록 애쓰며 말한다.

"사람들은 투자를 무슨 제비뽑기처럼 '당첨'이 아니면 '꽝'이라고 생각해."

살짝 찔린다. 아무렇지도 않은 척, 태연한 척해본다.

"그래서?"

"그리고 '뭘 해야 돈 벌지?' 하면서 찾아보다가 '이런 거 해야 돈 버나 보다. 나도 해봐야겠다'라고 해. 그러다가 또 누가 돈을 벌었다고 하면 '어? 저런 것도 있네? 저것도 한번 해볼까?' 이런 식이야. 이러다가 흐지부지되는 경우가 대부분이지."

크게 찔린다. 영철은 '그게 바로 나야, 나'라고 말은 못 하고, 괜히 다른 사람들 얘기인 척 맞장구를 친다.

"그런 사람들 주변에서 많이 봤어."

"사람들은 '성공하고 싶다'에서 더 구체적으로 '돈을 많이 벌어야겠다'라고 목표를 재설정하지만, 아무리 목표를 바꾼다 해도 과정이 바뀌지 않는다면 인생 또한 절대로 바뀌지 않지."

"그게 재테크랑 무슨 상관인데?"

"돈을 불리기 위해서는 그동안의 습관과 생각을 모두 버려야 한다는 뜻이야. 신축 건물을 짓기 전에 기존에 있던 건물을 다 부수는 것처럼. 사람들은 인생을 바꿔보려고 설계 단계에서 '나는 어떻게 변할 것이다'라는 그럴듯한 계획을 세우지만 결국에는 최소한의 비용과 시간을 계산하기 때문에 실제로 철거를 실행하기에는 불편하고 어려운 게 사실이야."

내가 뭐 잘못한 게 있나?

무엇을 바꾸라는 거지?

영철이 생각하는 사이, 광수는 이어서 말한다.

"모두가 빨리 부자가 되고 싶어 하잖아."

"그렇지. 늙어서 부자가 되어봐야 아무 쓸모없으니까."

"빨리 부자가 되려고 하는 것은 빨리 스테이크를 굽겠

다는 것과 마찬가지야."

"파전 먹다가 갑자기 무슨 스테이크 얘기야?"

"스테이크를 빨리 먹고 싶다고 센 불에 스테이크를 구우면 속이 익기도 전에 겉이 다 타버리잖아. 겉면은 타서 못먹고 속은 아예 익지도 않아서 못 먹으니까, 그냥 다 버리게 되는 셈이지."

"탄 부분을 걷어내고 다시 구우면 되잖아."

"그만큼 먹을 수 있는 스테이크의 양도 적어지고 시간도 길어지고 음식물 쓰레기도 나오지. 마치 쓰러져가는 건물의 철거 비용과 시간이 아깝다고, 그 위에 증축을 하다가 무너지는 경우와 비슷해. 내가 건축쟁이라서 이렇게 비교하게 되네."

광수와 영철은 밥을 크게 한 숟갈 떠먹는다.

"그럼 난 어떻게 해야 하지?"

"흠…… 영철아, 나도 정답은 모르지만……."

"넌 시그니엘에 살 정도로 성공했잖아."

앗! 마음속에 담아놓았던 말이 튀어나왔다. 다시 주워 담고 싶다. 하지만 안타깝게도 그럴 수 없다. 이왕 말한 거한 수 접고 들어가야겠다.

영철은 솔직하게 물어보기로 한다.

"지금 상황에서 뭘 해야 하는지 알려주라. 돈 버는 법."

"돈 버는 법은 너무나 다양한데…… 우선 아까 말한 철거부터 하고 기반 공사를 해야 하는데……."

"광수야. 우리 이제 마흔이야. 그러기엔 좀 늦은 것 같지 않냐?"

"미안한데, 영철아. 방금 네가 나한테 했던 '돈 버는 법'에 대한 질문을 받을 때마다 같은 대답을 해줘. 그런데 다들 핑곗거리를 하나씩 만들어. '늦었다, 나이가 많다, 시간이 없다, 바쁘다, 몸이 아프다' 등등, 그런 핑곗거리들 말이야."

약간 기분이 나쁘다. 핑계가 아니라 진짜로 늦었다고 생각하기 때문이다.

두 수 접고 들어가본다.

"그래…… 핑계 안 만들게. 지금이라도 늦지 않았단 뜻이지?"

"물론이야. 우리 인생은 길어."

영철은 속으로 '인생이 길기는! 짧기만 하지'라고 생각한다.

"그럼 '그동안의 나를 철거하고, 기반 공사를 한다'. 구체적으로 어떻게 하는 건데?"

"원래 가지고 있던 상식을 깨야 해. 티끌은 아무리 모아 봐야 티끌이고, 티끌을 불려야 태산이 되는 것처럼."

"그래…… 한번 깨줘."

세 수 접고 들어간다. 다 내려놨다.

내 앞에 있는 사람이 고등학교 친구가 아니라, 우연히 만난 시그니엘 주민이라고 생각하니 한결 마음이 편해진다.

광수는 잠시 생각하다가 입을 연다.

"사람들은 월급이 오르면 더 풍족해질 거라고 생각하지만 사실 그렇지 않아."

"월급이 올라도 여유로워지지 않는다니?"

"월급이 오른 만큼 세금도 늘어나기 때문이야. 월급이 오른 만큼 소득세나 각종 세금은 늘어나잖아."

"하지만 세금을 제외하고도 통장에 들어오는 돈은 더 많아지는데?"

"한계가 있어. 그리고 모두들 현재의 상황이 영원히 유지될 거라고 믿는데 현실은 그렇지 않아. 버는 만큼 소비도 올라간 상황에서 생각보다 빨리 은퇴라는 것을 맞이하지."

"그럼 현재의 소득이 없어졌을 때를 염두에 두라는 거지?"

"맞아. 소득이 없어졌을 때를 대비하기 위해서 바로 자산이라는 대비책을 세워야 해."

"티끌을 불려야 태산이라는 뜻이 월급을 불려서 자산을 만들라는 뜻이야?"

"응. 자산이 없으면 은퇴도 못 하고 여기저기 직장을 찾아다니면서 평생 일만 하다가 생을 마감하게 되는 거지. 더 안 좋은 사실은 나이 먹고 새로 구하는 직장의 소득은 젊을 때 받던 월급보다 훨씬 줄어들게 되지만, 물가와 세금은 훨씬 더 많이 올라가 있는 상태라는 거야."

"요즘 점심 값이 너무 오르기는 했어. 그래도 못 사 먹을 정도는 아니니까."

"하지만 자산은 8천 원에서 만 원으로 가는 게 아니야. 8억에서 12억으로 훌쩍 뛰어오르지. 자산이라는 열차에 탑승하지 못한 사람들은 그제야 투기꾼들에 의해 생긴 거품이라고 비난하며 그 자산 열차가 탈선하거나 역주행하기를 기도해."

"실제로 역주행하는 경우도 있지 않아?"

"역주행을 할 때는 좋은 가격대에 살 수 있는 기회가 와도 놓치는 경우가 많아. 영원히 역주행할 줄 알고 아무것도 못 하게 되는 경우가 대부분이야. 우리가 상식적으로 알고 있는 안전한 자산들은 최소 인플레이션만큼 올라가게 되어 있어. 정확히 표현하자면 인플레이션으로 화폐 가치가 하락하는 거지."

"그럼 자산 가치가 하락할 때가 매수하기 좋은 타이밍이라는 거야?"

"굳이 하락할 때가 아니더라도 기회는 얼마든지 있지만

하락할 때 더 기회가 많은 것은 사실이야. '공포에 사서 환희에 팔아라'라는 말이 괜히 있는 말이 아니야."

"어렵다. 떨어질 때는 진짜 못 잡겠어. 그 떨어질 때가 칼의 손잡이인데, 칼날을 잡을 것만 같거든."

"맞아, 쉽지 않아. 돈을 버는 행위 자체가 감정적이기 때문에 그렇지."

"그건 무슨 말이야?"

"사람들은 자신이 균형론자라고 생각하지만 사실은 한쪽으로 치우쳐 있어. 그래서 보고 싶은 것만 보게 되고, 믿고 싶은 것만 믿게 되는 게 현실이야. 어떤 자산이 싸다면 왜 싼지 알아봐야 하고, 비싸면 왜 비싼지 알아봐야 해. 그런데 싸다는 이유만으로 덜컥 사거나, 반대로 싼 것은 비지떡이라는 생각 때문에 무조건 사면 안 된다는 비합리적인 판단을 내려. 이런 생각이 본질을 흐리게 만들지."

영철은 그동안 자신이 감정적인 투자자였나 생각해본다.

광수가 말을 이어간다.

"감정적으로 하는 투자는 사실 게임이야."

광수는 '도박'이라는 단어 대신 '게임'이라는 단어로 순화시킨다. 영철은 그동안 자신이 게임 플레이어였나 생각해본다.

남은 파전을 한 점씩 먹는다.

영철이 말한다.

"사실 그동안 월요일 오전이 오는 게 두려웠어."

"출근 압박 때문이야?"

"아니, 주식장이 다시 열려서. 오전 아홉 시가 되면 장이 열리고 깜박거리는 파란불과 마주해야 한다는 게 솔직히……."

"이런 말 하기는 좀 그런데……."

"괜찮아. 정신 번쩍 드는 말 좀 해줘."

"대부분의 사람들은 열등감으로 투자를 해."

"돈을 벌어보겠다는 일종의 소망 아닌가?"

"가까운 사람이 부모에게 재산을 물려받았다거나, 주식이나 부동산으로 대박을 터뜨렸다거나, 몇십 억짜리 연봉을 계약했다거나 그런 소식을 들으면 내재되어 있던 열등감이 더욱 솟구쳐 오르지."

영철은 광수네 집에 처음 들어설 때의 감정이 떠오른다. 뭐라고 대답을 할 수가 없다.

광수는 이어 말을 한다.

"열등감일 수도 있고 박탈감일 수도 있기도 하지만, 그런 감정에 이끌려 하는 투자는 이기기가 쉽지 않아."

"요즘 젊은 친구들은 그렇게 많이들 하더라."

그 젊은 친구에는 영철 본인도 포함되어 있다는 걸 알

고 있다.

"영철이 너네 회사에도 한 방 노리는 사람들 많아졌지? 노동소득주의에서 자본소득주의로 바뀌었으니까."

"맞아. 노동의 가치가 많이 떨어지긴 했어."

"더 쉽게 벌고자 하는 욕망이 뚜렷해진 거야. 하지만 내 생각엔 반대로 노동의 가치가 올라가고 있다고 봐. 다들 노동을 꺼리다 보니 오히려 노동자의 월급은 올라가고, 월 급이 올라간 만큼 노동의 가치도 올라갔다고 볼 수 있지."

"그런가? 다들 노동을 폄하하는 분위기던데."

"자산 경기가 호황일 때는 그렇지만, 불황일 때는 다들 '역시 월급쟁이가 최고다'라는 말을 해. 그러면서 소득에 맞춰 살려고 머리를 써보지만 사실은 소득을 늘리는 데 시간을 더 할애해야만 노동의 대가를 바탕으로 저렴해진 자산을 살 수 있거든. 대부분의 부자들은 노동과 자산에 치우치지 않고, 각각의 장점을 활용하고 있어."

자산이라는 것을 모르는 영철은 노동이라는 것조차 이 해하기 어렵다. 무엇이 돈을 만들고, 무엇이 부자를 만드는 지 알고 싶지만 된장찌개와 파전은 아까 다 먹었다. 밑반찬 까지 다 먹었다. 물도 다 마셨다. 광수가 계산을 한다.

"영수증 드릴까요?"

"아니요. 괜찮습니다."

"잘 먹었어, 광수야. 이번 주 토요일에 우리 집에 올 거지?"

———

금요일이다. 내일은 광수네 가족이 놀러 오기로 한 날이다. 그 집만큼은 아니지만 그래도 그럴 듯한 집을 보여주고 싶다. 얼른 집으로 가서 준비하고 싶다.

갑자기 비가 내린다. 영철은 비 때문에 잔뜩 막힌 도로를 뚫고 집으로 향한다. 주택 단지 근처까지 오니 아들 영현이 우산 없이 비를 맞으며 터벅터벅 오르막길을 오르고 있다. 영철은 영현 옆에 차를 세우고 창문을 살짝 내린다.

"영현아, 타!"

영현은 옆을 힐끔 보더니 다시 앞을 보고 걷는다.

뭐지? 왜 안 타는 거야?

차를 조금 더 앞으로 이동한 뒤, 창문을 더 내린다.

"영현아, 어서 타!"

영현은 듣지도 않고 걷는다.

왜 저래?

영철은 재빨리 집에 차를 대고, 우산을 들고 영현을 마중하러 간다.

"타라니까, 왜 안 타?"

영철은 영현에게 우산을 씌워준다. 흠뻑 젖은 영현은 울먹거리며 말한다.

"저더러 촌 동네 산다고 놀려요."

"여기가 무슨 촌 동네야. 우리처럼 이런 집은 아무나 사는 거 아니야."

"다리 튼튼한 사람만 사는 거겠죠. 학교 끝나고 친구들하고 놀고 싶고 학원도 다니고 싶은데, 저만 버스 타고 멀리까지 오느라 못 어울리잖아요."

"나중에 친구들 다 초대하자. 우리 집이 얼마나 좋은지 보여주자. 응?"

영철이 영현을 달래본다.

집에 도착해서 몸을 말리고 나니, 비는 더 거세게 내린다. 텔레비전에서는 홍수가 났다는 뉴스가 나온다. 높은 곳에 위치한 영철의 집은 홍수가 날 가능성이 없다. 가슴이 뜨거워진다.

"와하하하, 너 놀렸던 애들 집 다 잠겼을 거야. 이렇게 언덕이 있는 곳에 살아야 한다니까."

뜨거운 가슴의 소유자 영철의 이마에 차가운 기운이 느껴진다.

"뭐야, 이거!"

톡, 톡, 톡톡톡톡.

천장에서 물이 떨어진다. 물이 샌다. 영철은 양동이를 찾으러 주방으로 간다. 영현은 더 실망한 표정으로 방으로 들어간다.

다음 날 아침, 비는 언제 그랬냐는 듯 그쳤다. 영철은 그나마 가까운 부동산으로 가서 동네에서 방수 처리 잘하는 업체를 소개받는다. 요즘 타운하우스 시세는 어떻게 되는지 궁금해진다.

"사장님, 저 위에 있는 타운하우스 말이에요. 요즘 시세가 어떻게 되나요?"

"최근 거래된 게…… 어디 보자……."

공인중개사가 안경의 중간 부분을 검지손가락으로 올린다. 그 시간이 길게만 느껴진다.

"4억에 거래됐네요."

"네? 아니, 저 뒤에 있는 거 말고요. 이쪽에 바로 보이는 거요."

"네, 맞아요. 4억. 저기 사세요?"

"네……."

"분양 받으셨구나? 분양가가 얼마였더라……."

"아…… 그, 그게……."

"파시게요?"

"아, 아니요."

"팔고 싶으면 연락주세요. 그런데 다른 집도 내놨는데 보러 오는 사람이 6개월째 없어요."

"네…… 알겠습니다. 안녕히 계세요."

영철은 급히 뛰쳐나온다.

전세금 빼고 왕창 대출받아 7억 원에 분양 받은 타운하우스가 반토막이 나다니. 천장에서는 비가 새고, 통장에서는 돈이 새고, 마음에서는 슬픔이 샌다.

이놈의 손절 인생.

뭐만 했다 하면 마이너스.

내 손모가지를 그냥 콱!

자신을 원망하며 언덕길을 올라간다. 기분 때문인지 끝이 보이지 않는 히말라야 산맥을 오르는 것 같다.

왜 떨어졌을까. 무엇이 문제일까.

왜 시세가 반토막 났는지 오늘부터 샅샅이 알아봐야겠다.

집 앞에 거의 다 왔을 무렵 발에 물컹한 게 밟힌다. 개똥이다. 여기 타운하우스에 사는 사람들은 세대당 최소 두 마리씩 키운다. 작은 개도 아니고 큰 개다. 24세대가 있으니 최소 48마리는 되는 셈이다. 옆에 있는 바위에 신발을 문지르며 붙어 있던 똥을 걷어낸다.

첫 번째 단점 발견. 똥을 아무 데나 싸는 개가 많다.

이웃 주민이 개 두 마리를 산책시킨다. 설마 저 개가 싸질러놓은 건 아니겠지. 두 마리 중 한 마리가 짖는다.

월월월!

그러자 다른 세대에 있던 개들도 같이 짖는다. 동네가 개소리판이다. 개환장파티다.

두 번째 단점 발견. 똥도 아무 데나 싸고 시끄럽게 짖어대는 개가 많다.

집에 들어간다. 신발을 벗고 들어가려는데 하얀색 타일 바닥 위에 벌레들이 죽어 있다. 징그럽다. 날씨가 쌀쌀한데도 불구하고 벌레가 있다.

세 번째 단점 발견. 개도 많은데 벌레까지 많다.

주방으로 간다. 고기 냄새가 가득하다. 아내가 고기를 구웠나 보다. 아니다, 아내는 마트에 갔는데.

발코니 창문 너머로 살펴보니 저쪽 집 마당에서 연기가 모락모락 피어오른다. 바비큐 파티를 하나 보다. 주차장이 가득 차서 길거리 한쪽에 차들이 줄줄이 서 있다. 손님들이 많이 온 것 같다. 고기 냄새가 온 동네를 가득 채운다. 그 바비큐 연기가 그대로 집으로 들어온다. 창문을 닫으려 하는데 이미 닫혀 있다.

네 번째 단점 발견. 냄새는 산소보다 진하다.

두 시간 뒤에 광수네 가족이 도착한다. 청소기로 현관 타일에 떨어져 있는 벌레를 깨끗하게 치운다. 침대 위에 뭉쳐 있는 이불을 펼쳐서 한 번 높이 털었다가 살포시 내려놓는다. 이렇게 쭉 펴진 이불을 보는 것도 오랜만이다.

화장실에 떨어진 머리카락을 주워 변기에 버린다. 거울에 튄 양치질의 흔적을 깨끗이 지운다. 식탁 위에 올려져 있던 잡다한 것들을 서랍 속에 집어넣는다. 시든 화분은 마당으로 치운다.

마트에서 돌아온 아내는 음식 준비를 한다. 밀키트 포장을 죽죽 뜯고 냄비에 털어 넣는다. 끓인다. 준비가 끝난다.

영철은 마당에서 광수가 오는지 살펴본다. 저 멀리 흰색 그랜저가 높은 언덕을 힘겹게 올라오고 있다.

벤츠라면 쉽게 올라왔…… 제발 이런 생각 좀 그만하자.

처음에 이사 왔을 때는 걸어서도 충분히 올라올 만했는데 요즘은 차로도 올라오기가 버겁다. 스키장 상급자 코스를 거꾸로 올라가는 기분이다. 눈이 오면 진짜 스키장이 될 것 같다.

아, 다섯 번째 단점 발견. 눈 오면 갇혀버린다.

단점이 많긴 많다. 왠지 더 나올 것 같은데 치명적인 것을 발견할 것 같아 그만두기로 한다.

광수네 가족이 도착한다. 주차장 한쪽에 주차를 하고 가족들이 모두 내린다. 반갑게 인사하고, 깨끗하게 정리한 집으로 들어온다. 겉옷을 받아서 옷걸이에 걸고, 음식이 준비된 식탁으로 바로 향한다. 영현과 광현은 안면이 있어서 그런지 이제 어색함도 없다. 모두 맛있게 식사를 한다.

식사가 끝나고 광수와 영철은 마당으로 간다. 잡초들이 무성하게 자라 있다. 광수가 쭉 둘러보면서 말한다.

"이런 집에 사는 게 한때는 로망이었는데, 지금은 엄두가 안 나. 관리를 잘 못해서."

로망이라니. 흐뭇하다. 여기는 시그니엘에는 없는 마당이 있다.

갑자기 광수가 묻는다.

"여기, 사서 들어온 거야?"

광수가 민감한 질문을 아무렇지도 않게 한다. 너무 무덤덤하게 말해서 오히려 불편하지 않다.

"어. 분양 받았어."

광수는 마당에서 보이는 맞은편 집과 옆집들을 쭉 둘러본다.

그때 영철의 아내가 옆으로 오더니 말한다.

"집값이 반토막 났어요. 제가 그냥 아파트 살자고 했는데……"

광수는 재빠르게 영철이 주식과 부동산으로 날린 금액을 대충 계산한다.

"영철아 그냥 팔고, 당분간 전세나 월세로 살아."

영철은 대답이 없다. 아내 앞에서 모욕을 당한 느낌이다.

영철 아내가 말한다.

"그래야겠죠? 지금이라도 팔아야겠죠?"

"네. 제수씨. 오다가 보니까 이 근처에 타운하우스, 다세대 빌라 같은 게 너무 많이 지어지고 있어요. 팔리려나 모르겠네요."

이 자식은 왜 와이프 앞에서 그딴 말을!

나 혼자 있을 때 하지.

"이 사람이 갑자기 이사를 가겠다는 거예요. 여태까지 아파트에서 잘 살았으면서. 속상해요."

아내는 다시 집 안으로 들어간다.

영철은 눈을 흘깃하다가 광수에게 물어본다.

"이거 팔릴까?"

"아니."

단호하다.

"어떡하냐, 나. 주식도 부동산도. 뭐 하나 제대로 되는 게 없네."

"흠……."

"오늘 봤는데 단점이 몇 개 있더라고. 벌레도 많고, 개똥도 많고, 옆집의 냄새나 소음 그대로 다 들어오고, 언덕도 높고…… 하아…….."

"그게 본질은 아니고……."

"다른 이유가 있어?"

"응. 환금성이 안 좋아. 환금성이 좋다는 뜻은 언제든 내 것을 사줄 사람이 있다는 거고, 그만큼 대기 수요가 있다는 뜻이야. 그런데 여기는 이런 비슷한 집들이 많이 생기고 있을 뿐더러, 일반적으로 타운하우스보다는 지하철, 학교나 마트, 다른 편의시설이 가까운 아파트를 선호하지. 특히 자녀가 있으면 학교나 학원 왔다 갔다 하기에도 아파트가 편하니까."

"그래도 여기는 공기 좋고, 자연친화적이잖아."

광수는 아무 말도 하지 않는다. 숨을 크게 들이마시고 길게 내뱉는다. 광수는 먼 산을 바라본다.

"공기 좋네."

'공기만 좋네'라고 들린다.

영철은 광수의 눈치를 슬금슬금 보다가 자존심을 굽히고 물어본다.

"여기…… 팔아야 될까?"

"부동산은 딱 두 가지만 기억하면 돼. 환금성과 입지."

영철은 부동산중개소에서 들은 말이 생각난다.

'보러 오는 사람이 6개월째 없어요.'

환금성이라는 말이 이제야 무슨 뜻인지 알 것 같다.

영철이 생각에 잠긴 사이, 광수가 덧붙인다.

"입지가 좋으면 환금성도 좋기 마련이지."

영철은 생각한다.

그럼, 여기는 입지가 안 좋다는 뜻인가.

아니야. 내가 여기 온 근본적인 이유는 수맥을 피하고 흙의 정기를 받기 위해서야.

나를 임원으로 만들어줄 대자연의 정기!

마당이라 하기에도, 정원이라 하기에도 애매한 잔디밭을 밟으며 걷는다. 자주 나와서 운동도 하고 파티도 할 것 같았던 이 잔디밭은 벌레 서식지가 되어버린 지 오래다. 건너편 집은 아직도 연기를 뿜어내며 고기를 굽고 있다. 저쪽 다른 집에서는 펜스 안에 있는 개들이 지나가는 다른 개들을 보며 짖는다.

영철은 멀리 보이는 산을 보며 말한다.

"우리 애는 어쩌냐. 너야 물려줄 거 많아서 걱정 없겠지만. 영현이는 전문직의 길을 걸었으면 좋겠어."

"전문직도 좋긴 하지. 하지만 그 길이 아니더라도 너무나 좋은 길들이 많아."

영철은 그동안 광수에게 하고 싶었던 말을 속 시원하게 하기로 한다.

"광수야. 솔직히 말할게. 나 같은 월급쟁이들은 그런 말이 현실적으로 와닿지 않아. 너처럼 이미 성공한 사람이나 할 수 있는 말 아니야? 요즘 아무리 의사, 변호사가 흔해졌다고 하지만 넘을 수 없는 벽이라고."

"내가 말하는 길은 부를 쌓기 위한 길만을 의미하는 건 아니야. 인간에게는 우등, 열등이라는 게 없어. 단지 우등 의식과 열등 의식만 있을 뿐이지. 직업에도 귀천은 없어. 귀천 의식만 있을 뿐이야. 그럼 귀천 의식은 누가 만들어 내는 걸까? 본인이 만들어내는 거야. 그렇게 교육받았다, 그렇게 사회가 의식하도록 만들었다는 것은 평계에 불과한 거지. 그렇게 느끼는 것은 본인이니까."

"그건 네가 지금 부자라서 그래. 갑질 당하면서 막노동을 해본 사람만이 안다고."

광수는 컨테이너에서 숙식하던 시절이 떠올랐지만, 불필요한 논쟁이 될 것 같아서 말을 삼킨다.

"영철아, 학교와 인생의 차이점이 뭔지 알아?"

"뭔데?"

"학교는 먼저 배운 다음에 시험을 보고, 인생은 먼저 시험을 보고 나서 배워. 배운 것을 외워서 시험 보는 학교와는 달리 인생에서는 마음먹기에 따라 의식을 확장하고 사고를 전환할 수 있다고 생각해."

"말로는 그럴 수 있지만 대한민국 대부분이 나 같은 직장인이나 영세 상인들로 구성되어 있는데 그런 확장이나 전환은 어려울 수밖에 없어."

"많은 사람들이 달걀을 한 바구니에 담을지 여러 바구니에 담을지, 어느 바구니에 담을지 고민을 하지. 하지만 달걀을 낳는 닭은 한 마리만 가지고 있어. 다시 말하면 달걀의 분배보다 더 중요한 것은 닭의 생사라는 거야."

"그 한 마리가 죽으면…… 끝이네."

"응. 결국 전문직이든 회사원이든 사업가든 여러 마리의 닭을 소유하는 것에 집중해야 하지. 아, 그리고 어제 루나 바이오헬스케어 회사에 직접 다녀왔어."

"뭐? 그 사기꾼 회사?"

"아니야. 막상 가보니까 예상한 것과 달랐어. 연구원들이 정말로 열심히 약품 개발에 매진하고 있었어."

"그거 다 쇼야! 보여주기라고! 이 사기꾼 자식들."

"그 회사 사장님은 억울해하더라고. 자신들은 아무짓도 안했는데 어떤 작전 세력의 주가조작에 나쁜 회사가 되어버렸다는 사실에. 미미하지만 실제로 일부 샘플에서 발모 실험에 성공하기도 했더라고. 직접 확인했어. 언제가 될

지는 모르겠지만 잘될 것 같다는 확신이 있어서 그 회사 지분 30퍼센트를 바로 매입했지. 저평가 되어 있다고 판단했거든."

"야! 사기라니까…… 내 책임 아니다. 난 몰라. 으이그. 도대체 왜 그런 거야."

그때 광수의 핸드폰이 울린다. 영철의 팀장이다.

"어허허허. 안녕하십니까, 광수 사장님. 저 영철 과장의 팀장입니다."

"안녕하세요, 팀장님. 별일 없으셨죠?"

"그럼요, 그럼요. 허허허. 드릴 말씀이 있어서요."

"네, 말씀하시죠."

팀장이 한 박자 쉬고 말한다.

"저희 그동안 식사도 한 번 안 하기도 했고, 명절 선물도 보통 보내주시는데…… 광수 사장님 회사만 안 보내주셔서요. 허허허."

광수는 여기까지 듣고는 통화 좀 하고 오겠다고 영철에게 손짓한다.

"그동안 이 업을 해오면서 선물이나 식사 때 참여하지 못하신 분들이 오해를 한 적이 몇 번 있어서 얼마 전부터는 자제하고 있습니다."

"그런데 말이죠. 제가 궁금한 게 있는데, 혹시 저희 회장님과는 아는 사이입니까?"

"개인적으로는 친분이 없지만, 계열사 공장을 시공할 때 몇 번 뵈어서 안면은 있습니다."

"좀 이해가 안 가는 게 회장님처럼 깐깐하신 분이 왜 영세한 건설사를 선택했는지, 그리고 영철 과장이랑 친구인 것도 참 이상해서요. 의심하는 건 아닙니다. 허허허허."

"무슨 말씀이신지……."

느낌이 싸하다. 광수는 바로 통화 녹음 버튼을 누른다. 갤럭시를 끝까지 고집하는 것도 이 기능 하나 때문이다.

"영철 과장이 매일 광수 사장님 만나면서 뭘 얻어먹고 다니는지, 뭘 받고 다니는지 알 수 없잖아요. 저도 나름 신사옥 건설 프로젝트 팀장인데 저와는 식사 자리 한 번 없고, 명절 선물도 없고, 으흠."

요즘도 이렇게 대놓고 요구하는 사람들이 많다.

"조만간 식사 한번 하시죠, 팀장님."

"이제 대화가 좀 통하는군요."

———

다음 날, 광수는 현장 소장에게 녹음 내용을 들려준다.

팀장의 요구를 알아챈 현장 소장이 중얼거리듯 말한다.

"생각보다 늦게 연락이 왔네."

"그죠?"

"그때 그 팀장, 여기 왔을 때 다른 사람들은 현장을 둘러보는데, 그 팀장만 다른 곳에 신경이 쏠려 있었어."

"맞아요. 회의할 때도 자꾸 회식하자고 하고, 끝나고 한잔하자고 하고요."

"광수 사장, 내가 그 사람 만날 테니까 신경 쓰지 마."

"소장님이요?"

"이런 건 내가 전문이야. 이 바닥에서만 30년인데."

이틀 뒤, 현장 소장이 약속 장소로 간다. 팀장이 먼저 도착해서 앉아 있다. 허름한 노포에 기분이 이미 상했다.

"안녕하세요, 팀장님. 저 기억하시죠?"

"네, 소장님. 근데 광수 사장님은……?"

"시간이 없어서 제가 대신 나왔습니다. 주문하겠습니다. 여기 갈매기살 2인분이요. 소주도 한 병 주세요."

서로 한 잔씩 따라주더니 팀장이 말한다.

"광수 사장님이 뭐라고 하던가요?"

"맛있는 저녁 식사를 대접해드리라고 하더군요."

"다른 말은 없었나요?"

소장은 대답 없이 소주 뚜껑을 '따라락' 소리를 내며 딴다. 팀장의 잔을 채우고, 자신의 잔도 채운다. 소장은 인자하게 웃으며 말한다.

"저랑 광수 사장은 같이 일한 지가 10년이 넘습니다."

"그래서요?"

"상대가 발주처든 협력 업체든 사적으로는 작은 어떤 것도 주고받지 않겠다고 약속했어요."

"참 융통성 없으시네. 이래서 무슨 대기업 상대를 하겠다고. 지금 이거 공적인 자리입니다. 사적인 자리가 아니에요."

팀장은 소주를 빠르게 털어 넣는다. 소장 근처에 있던 소주병을 잡고 자신의 잔을 꽉 채운다.

"팀장님, 회장님도 아마 저와 같은 뜻일 겁니다."

"이봐요, 소장님. 제 뜻이 곧 회장님의 뜻이에요. 회장님에 대해 잘 알지도 못하면서. 쯧쯧쯧."

"저는 회장님과 팀장님을 매우 공정하고 합리적인 분으로 알고 있습니다. 그리고 회사를 정직하게 운영하는 분들로 기억하고 싶어요. 큰 회사와 일개 작은 회사의 관계지만 깨끗하고 투명한 신뢰를 바탕으로 일하고 싶습니다."

"어허, 지금 나 협박하는 겁니까? 태클 안 걸고 순순히 봐주니까 만만하죠? 어디 한번 클레임 제대로 걸어줘요? 소장님, 사람 너무 물렁하게 봤어. 쓴맛 매운맛 보여줄 테니까 기대하쇼!"

팀장은 소주를 쭉 마시더니 소주 잔을 철판 테이블에 탕 소리가 나도록 내려놓는다. 가게 전체가 울릴 정도다. 그러더니 바로 짐을 챙겨 나간다.

소장은 미동도 없다. 무언가를 해야 할지 말아야 할지 고민하다가 결정을 내린 것 같다.

돈도 사람을 따른다

••• 광수의 부모님은 골동품 가게를 운영하셨다. 목재로 지어진 가게는 장마가 오면 물이 새고 태풍이 불면 삐거덕삐거덕 소리를 내곤 했다. 부모님은 이곳이 우리의 터전이라며 새로 짓지 않고 그때그때 수리만 해가며 40년 넘게 가게를 지켜오셨다. 광수가 대학생이 되고 독립을 하게 된 이후부터는 태풍이나 폭우가 오면 늘 가게로 가서 수리를 해드렸다. 부모님이 더 이상 직접 수리하실 수 없었기 때문이었다.

한번은 중간에 있는 기둥에 금이 가서 보수공사를 했는데, 돈이 꽤나 많이 들었다. 이 가게 건물을 이런 식으로 고쳐 쓰다가는 무너질 것만 같았고, 앞으로 자잘한 공사에 드는 돈도 만만치 않을 것만 같았다. 건물을 짓는 방법만 안다면 지금 가게를 부수고 다시 직접 짓고 싶었다. 그래서 광수는 건축학과를 선택했다.

지방대학을 졸업하고 서울로 돌아왔지만, 광수를 받아주는 회사는 없었다. 충청도에 있는 소규모 건축사무소에 취직한 것만으로 감사했다.

그 회사는 상가를 전문으로 짓는 곳이었다. 회사 안에서 '인력의 배분'이라고는 없었다. 한 사람이 여러 사람의 몫을 해내야 했다. 그때 광수는 철거부터 마감까지 현장에서 살다시피 했다. 1년 동안 300일은 컨테이너에서 숙식했다. 날씨, 민원, 자재 수급 때문에 공사 속도가 늦어질 때면 직접 철근과 벽돌을 날랐다. 타일도 깔고 페인트칠도 하며 보조 역할을 했다.

광수가 하지 않아도 될 일이었다. 내키지 않았다. 결코 좋아서 한 게 아니었다. 사장님이 하셨기 때문에 어쩔 수 없이 해야 했다.

그렇게 1년이 지나고 보니 건축에 대해 눈을 뜨게 되었고, 재미있어지기 시작했다. 재능이라고는 하나도 없다고 생각했던 자신이 건축이라는 분야에 재능이 생긴 것 같았다. 컨테이너 생활을 몇 년을 하다 보니 많이 배울 수 있었고, 배우는 게 남는 거였다. 가끔 대학교 건축학과 동창들을 만나면 가르쳐주는 경우도 있었다. 이제 부모님의 골동품 가게를 새로 지을 수 있을 것 같았다.

몇 년이 지나 사장님의 건강은 급속도로 악화되었고, 회사가 문을 닫을 위기에 처했다. 뭐든지 앞에 나서서 열심히 하는 사장님이었지만, 육체는 의지를 따라가지 못했다. 거기다 사장이 직접 나서서 하지 않아도 될 일까지 하려고 했다. 직원의 업무 영역까지 침범하기도 했다. 사장과 직원 간에 의리는 있어도 신뢰는 형성하기 어려웠다. 직원을 믿었더라면 사업의 확장은 물론 본인의 정신 건강과 육체 건강 모두 챙길 수 있었을 터였다.

결국 회사가 문을 닫게 되었고, 광수는 자신의 회사를 차렸다. 같이 일하던 후배를 설득해서 작은 오피스텔에 사무실을 얻었다.

처음 맡은 시공은 중소기업의 공장이었다. 원자재비, 인건비, 공사 기간 같은 중요한 것들을 놓치는 부분이 있었다. 자신의 잘못이었기에 추가로 청구하지 않고 적자를 봤다. 그제서야 전 회사 사장님이 얼마나 대단하셨는가를 알 수 있었다.

첫 공사가 마무리되었다. 건축주는 결과에 매우 만족해하며 바로 두번째 공장 시공 계약을 했다. 그 건축주가 주변 사람들에게 소개를 해주어 광수의 회사는 새로운 계약들을 연달아 맺을 수 있었다. 아무리 검토해도 설계와 원가를 검토하는 과정에서 계속 실수가 있었고, 공사 기간이나 순서에도 오류가 있었다. 허술한 이미지를 주지 않기 위해 누락된 사실을 절대로 건축주에게 떠넘기지 않았고, 회사 비용으로 충당했다. 누구는 바보 같은 짓이라고 했지만 광수는 고객과의 신뢰를 만들어가는 것이 더 중요하다고 생각했다.

한 명이었던 직원은 칠십 명으로 늘어났다. 광수는 고객과의 신뢰뿐만 아니라 직원과의 신뢰를 쌓는 데도 공을 들였다. 직원들에게는 각자의 권한과 책임을 동시에 주었고, 최대한 간섭하지 않으려 했다.

중소기업들 사이에서 입소문이 났고, 대기업에까지 소문이 나서 제법 큰 규모의 공장도 짓게 되었다.

설계를 하고, 밖에서 보이지 않도록 먼지가 날리지 않도록 소음이 들리지 않도록 펜스를 치고, 그 안에서는 고된 작업들이 이루어진다. 기초가 다져지고, 골조가 세워지고, 서서히 형태를 드러내며 건물이 한 층 한 층 올라가는 과정을 보면 건축이라는 것은 한 사람이 부자가 되는 여정과 깊은 상관관계가 있는 것 같았다. •••

영철은 출근 전에 사진을 찍기 위해 현장에 들른다. 현장 소장이 호스를 휘두르며 주변에 물을 뿌리고 있다. 소장의 까무잡잡한 얼굴에는 깊은 주름이 패여 있다. 이 업계에서 잔뼈가 굵은 사람이라는 게 한눈에 보인다.

"소장님, 안녕하세요."

"안녕하세요. 과장님. 사진 찍으러 왔어요? 어제 작업한 부분은 엘리베이터 타고 올라가야 보이는데 괜찮겠어요?"

"네, 괜찮습니다."

영철은 미리 준비해온 헬멧을 쓰고 들어간다. 건물 밖에 아슬아슬하게 매달려 있는 공사용 엘리베이터는 처음 타본다. 철문이 철커덕 소리를 내며 닫힌다. 소장님은 투박하고 두툼한 손으로 꼭대기층 버튼을 누른다. 광수의 손과 비슷하다. 턱턱턱턱, 소음을 내며 거칠게 올라간다. 바깥에서 보던 속도보다 훨씬 빠르다. 무섭다. 다리가 후들거린다.

"이게 임시 엘리베이터라 좀 험해요. 그래도 떨어진 적은 한 번도 없어요."

영철은 소장님의 말에 마음이 놓인다. 가장 높은 층에 도착한다. 영철은 재빨리 내린다. 소장은 빠른 걸음으로 걸어가며 진행 상황을 설명한다.

"저쪽이 전기 작업을 한 곳이고, 이제 벽체 공사를 하는 중이에요."

영철은 갤럭시로 사진을 찍는다. 뿌옇게 나온다. 렌즈를 소매로 닦고 다시 찍는다. 깨끗하게 나온다. 다 찍고 내려간다. 엘리베이터의 닫힘 버튼을 누르고 소장이 물어본다.

"담배는 안 펴요?"

"네, 안 핍니다. 소장님은요?"

"하루에 한 갑도 넘게 폈는데, 몸 안 좋아지고 나서 끊었어요. 커피 한잔하고 갈래요?"

소장님이 기분 좋게 제안한다.

영철은 소장님을 따라 컨테이너로 들어간다. 커피 자판기가 있다. 공짜다. 버튼을 누르니 종이컵이 무성의하게 툭 떨어지고 커피가 쪼르르 나온다. 공짜는 늘 기분을 좋게 하는 마법을 가지고 있다.

"자, 여기."

"고맙습니다."

둘은 어색한 분위기 속에서 후루룩 소리를 내며 마신다.

"영철 과장님, 제가 뭘 짓는 사람처럼 보이나요?"

"네? 음…… 건물……이요?"

"하하. 저는 희망을 짓습니다."

"희망요? 아, 네…… 그렇군요. 소장님은 이 일 오래하셨어요?"

"그럼요, 오래했죠. 이제 그만해야 하는데 먹고살아야 하기도 하고, 또 건물이 올라가는 거 보면 재미있기도 하고, 완공되면 뿌듯하기도 하고. 남한테는 절대 이 일 하지 말라고 하면서 나는 계속하고 있네요, 허허허."

"광수와는 어떻게 알게 되신 사이예요?"

"광수 사장이 말 안 했나 봐요? 제가 예전에 광수 사장이 다니던 회사 사장이었어요."

"네? 그랬군요."

"나는 사장으로 일하는 것보다 지금처럼 직원으로 일하는 게 더 좋아요. 사장으로 일할 때는 내가 나를 통제할 수 없었어요. 어떻게 하면 조금이라도 더 아낄까, 사업에 균열이 가지는 않을까, 저 직원은 왜 저것밖에 못 할까, 이 직원이 나가기라도 하면 어쩔까, 누가 공사 현장에 쓰레기를 투척하지는 않을까, 온통 걱정만 하다 보니 하루에 서너 시간만 자고 계속 일을 했어요. 그러다가 쓰러졌죠. 그렇게 회사를 접었는데 좀 회복되고 나니까 심심해졌어요. 일만 하던 사람이라서 그런가 봐요. 그때 광수 사장이 같이 일해 볼 생각 없냐고 해서, 다시 같이 하게 된 거지요."

"광수는 어떤 직원이었어요?"

"수첩 들고 다니면서 계속 무언가를 적고 있던 모습이 기억이 나요. 내 밑에서 힘들었을 텐데 군소리 하나 없이 잘해줬죠. 남이 하기 싫어하는 일은 자기가 했고, 귀찮은 잡무도 알아서 해줬죠. 그게 너무 고마웠어요. 광수 사장이랑은 원래 아는 사이라면서요?"

"네, 고등학교 친구예요."

"좋겠네요. 저런 친구가 있어서."

"돈 많은 친구가 있으면…… 좋긴 하죠."

"에이, 나는 광수 사장보다 훨씬 돈 많은 친구가 있지만, 돈보다는 사람이 중요해요. 돈도 사람을 가려 가면서 따라가니까요."

"돈이 사람을 따라간다고요?"

"공사하면서 건물주들을 많이 만나볼 수밖에 없어요. 딱 두 종류로 나뉘어요. 어떻게든 최대한 부려먹고 끝내려는 사람과 배려해가면서 도와주려고 하는 사람."

소장은 까무잡잡한 손으로 종이컵에 담긴 커피를 한 모금 마시며 말을 잇는다.

"우리는 건물을 지으면 끝이고, 건물주들은 지어지는 순간이 새로운 시작이잖아요. 그래서 가끔씩 내가 지은 건물이 잘 있나, 그 회사는 잘 있나, 지나갈 일 있으면 한 번씩 들러요. 신기하게도 그렇게 쪼아대고 힘들게 하던 사람의 회사는 금방 사라지고 없고, 잘해주던 사람의 회사는 더 커져서 옆에 건물 또 올리고 있어요."

"그렇군요……."

"결국 '사람' 아니겠어요?"

———

영철은 '돈'과 '사람'이라는 단어를 머릿속에 둥둥 떠운 채 회사로 향한다. 영철의 회사는 9시부터 6시까지 근무 시간이다. 8시 30분에 출근해서 6시 15분쯤 퇴근한다. 영철의 후배들은 오전 8시 55분에 출근해서 5시 58분에 노트북을 끄고 짐을 주섬주섬 싸서 6시 00분 00초에 퇴근한다. 1초도 초과 근무를 하지 않겠다는 의지가 대단하다.

몇 년 전만 해도 야근을 이틀에 한 번 꼴로 했던 영철은 6시에 딱 맞춰 퇴근하는 게 나쁘지만은 않다고 생각하지만 너무 칼 같은 퇴근은 어쩐지 인간미가 느껴지지 않는 것 같다.

요즘 들어 퇴사자가 늘고 있다. 오늘도 퇴사자가 있다. 입사한 지 5개월 된 신입 사원이 작별 인사를 한다고 전체 메일을 돌렸다.

짧은 시간이었지만

많은 가르침을 주신 선배님들께 감사드립니다.

또 나가는구나.

어디로 가는 걸까.

얼마나 좋은 조건으로 갈까.

퇴사한다는 사원과 그 동기들의 대화를 얼핏 듣는다.

"너 진짜 거기로 가?"

"어. 한번 해보는 거지 뭐. 잘되면 공동 창업주로 지분도 받을 수 있고, 안 되면 다시 취준생 되는 거고."

"멋있다. 나는 그런 스타트업으로 옮긴다고 하면 부모님이 다리를 부러트릴 거야."

스타트업으로 가는구나.

우리 회사처럼 명함 값 있고 안정적인 곳을 왜 버리고 가는 것인지 궁금하기보다는 갈 거면 바로 가지 왜 입사와 퇴사의 과정을 거치는지 이해가 가지 않을 뿐이다.

영철은 점심 식사 후에 사내 도서관으로 간다. 조용해서 낮잠 자기에 딱 좋기 때문이다. 아무도 안 보이는 구석에 자리를 잡고 눈을 감으려는데 저쪽에 책 한 권이 눈에 들어온다.

요즘 것들의 직장 생활

 열정은커녕 냉정뿐인 요즘 것들은 무슨 뇌를 가지고 살아가는지 한번 보자.
 한 장 한 장 넘겨본다.

시대는 바뀌었다. 노동의 가치는 개미한테나 줘버려라. 자산의 가치로 넘어간 지 오래다.

한 걸음 한 걸음은 달팽이한테나 줘버려라. 우리는 대박 한 방을 찾고 있다.

능력 있고 성실하고 인정받는 것 따위는 꿀벌한테나 줘버려라. 집 없으면 멍청한 벼락 거지 소리 듣는 게 현실이다.

노동의 미학 따위는 소한테나 줘버려라. 노동은 그저 노동일뿐이다.

평생 직장이라는 개념은 거북이한테나 줘버려라. 이리저리 옮기며 내 몸값을 올리기도 하고 다양한 회사와 다양한 업무를 경험하고 싶어 한다.

공정함 따위는 코끼리한테나 줘버려라. 딸랑딸랑 아부만 떠는 것들이 고과 챙겨 가는 게 현실이다.

동반 성장 따위는 개미핥기한테나 줘버려라. 회사의 성장을 개인의 성장인 양 뒤집어 씌우지 말아라.

수평적인 문화라는 거짓말은 메뚜기한테나 줘버려라. 회사의 절반이 꼰대다.

사내 복지 확대라는 허상은 고양이한테나 줘버려라. 회사 콘도 추첨은 다 조작이다.

정년 보장이라는 달콤한 유혹 따위는 코뿔소한테나 줘버려라. 45세 넘으면 모가지 날릴 준비한다는 것 다 안다.

영철은 잠이 확 깬다.

이게 사실이라면 회사원에게 미래가 있기는 한 걸까?

———

오후에는 회장님 앞에서 동아리 실적 발표가 있다.

영철은 사내 동아리 밴드의 리더이다. 어릴 때부터 교회를 다니면서 악기를 하나씩 배웠다. 그중에서 가장 잘하는 것은 베이스기타이다.

회장님에게 실적을 보고할 준비를 한다. 밴드 멤버의 평균 연령이 45세다. 요즘 신입들은 아무도 동아리를 하지 않으려고 한다. 친목 도모를 위한 것인데 실적이라고 하니 부담스럽다. 사실 동아리 연습을 한 적은 거의 없다. 만나서 술 마시고 노래방에 간 게 대부분이다. 어쨌든 회원들의 사기를 얼마나 올려줬느냐가 실적이다. 동아리 리더들이 대회의실에 쭉 앉아 있다. 부들부들 떨며 발표할 대사를 외운다.

회장님은 은은한 눈빛으로 첫 번째 발표자를 바라보고 있다. 날렵해 보이는 여성이다. 검은색 정장에 머리를 질끈 묶었다. 머리끈이 탁구공처럼 생겼다.

"안녕하세요. 탁구 동아리 '핑크퐁'을 운영하고 있는 김세아 대리입니다. 저희 동아리는 여성이 중심이 되어 활동 중이며, 주말이나 퇴근 후보다는 점심시간을 활용하여 누구나 부담 없이 참여할 수 있습니다. 그렇기 때문에 회원 수가 증가하는 추세입니다."

"좋네요. 나도 탁구 좋아하는데 한번 같이 칩시다. 다음 동아리."

생각보다 회장님이 빨리 끊었다. 준비한 게 많았지만 전혀 아쉽지 않다.

두 번째 발표자다. 헬스동아리 회장답게 셔츠가 터질 것 같다.

"안녕하세요. 헬스동아리 회장 최득근 부장입니다. 출근 전에 근처 헬스장에서 같이 운동을 합니다. 원래는 남성 회원만 있었지만 여성 회원도 늘어나고 있습니다. 그냥 운동만 하는 것이 아니라 아마추어 대회라는 목표를 잡고 활동하고 있어 서로에게 동기부여가 되고 있습니다."

"그렇군요. 동아리 이름이 뭔가요?"

"스테이로이드입니다."

"무슨 뜻인가요?

"뭐…… 스테이로이드를 맞으면서 하자, 그런 건 아니고
요. 맞은 사람들보다 더 좋은 몸을 만들자는 뜻입니다."

"알겠습니다. 다음 동아리."

세번째 발표자 영철이다. 별로 할 말이 없다. 짧게 치고
빠져야겠다.

"안녕하세요. 사내 밴드에서 리더를 맡은 영철 과장입니
다. 한 달에 한 번씩 모여서 연습하고 있습니다."

"밴드라…… 재미있군요. 이름이 뭔가요?"

"시가총액입니다."

저쪽에서 웃음을 참는 사람들이 몇 명이 보인다.

"회원이 몇 명인가요?"

"다섯 명입니다."

"동아리가 다섯 명이면 너무 적지 않나요? 본인들끼리
만 즐기는 건 동아리의 취지와는 다릅니다."

영철의 등에서 땀이 한 줄기 흐른다. 회장님은 홍보팀장
을 부른다.

"홍보팀장, 이번에 연말 행사 때 끝나고 여기 밴드 연주

나 들읍시다. 우리 협력업체, 거래처 관계자들도 올 수 있으면 오라고 하고. 올해는 콘셉트 좀 바꿔보지. 너무 딱딱하고 무겁게 말고 캐주얼 하게. 무슨 말인지 알지?"

홍보팀장은 고개를 절도 있게 숙였다가 들어올린다.

그날부터 영철과 밴드 멤버들은 미친듯이 연습한다. 이미 알려진 곡이 아닌 자작곡으로 해야 한다. 자작곡은 못하든 잘하든 티가 안 나기 때문이다.

———

행사 날이다. 우수 직원과 우수 협력업체에 대한 시상을 한다. 광수도 시상대에 오른다. 회장님에게 상장과 상품을 받고 악수를 하며 사진을 찍는다.

그동안 영철은 무대 뒤에서 연주할 준비를 한다. 베이스 기타를 들고 목도 돌리고, 발목도 돌린다. 1부 행사가 끝나고 2부가 시작할 때 연주를 시작한다. 밴드 연주와 함께 샴페인 잔을 들고 돌아다니면서 노는 시간이다. 사회자가 마이크를 잡는다.

"다음 순서는! 사내 동아리 밴드의 락앤롤 타임입니다. 나와주세요! 시! 가! 총! 액!"

일렉 기타의 '지지징' 소리와 함께 입장한다. 보컬이 마이크를 잡는다.

"안녕하세요. 시가총액 보컬입니다. 첫 번째 곡은 〈줍줍 블루스〉입니다."

그대가 줍줍이라 생각하지만 줍줍 하는 순간 곤두박질치지.

그대가 생각하는 줍줍은 줍줍이 아니야.

누군가를 위한 인공호흡이라는 걸 알아야 해.

모든 것을 구원하시는 부처님도, 예수님도 구원하지 못하는 게 딱 하나 있지.

그건 그대가 잘 알거야.

그대도 다급하게 심폐소생술을 해야 할 날이 다가오고 있어.

바로 그게 오늘이야.

오늘부터 1일.

내일은 2일.

모레는 3일.

워~~~~ 워워.

영철을 포함한 밴드 멤버들은 그동안 갈고닦은 실력으로 연주한다. 다섯 곡을 연주하고 내려온다.

록 음악이 끝나자 스피커에서는 잔잔한 재즈 음악이 흘러나온다. 샴페인 잔을 들고 돌아다니며 대화를 한다는 게 다들 어색하다. 다들 회장이 내 쪽으로 올지 안 올지만 주시하고 있는 분위기다. 그러다가 한 잔씩 들어가며 뇌와 입이 슬슬 풀리더니 다들 말이 많아진다.

영철도 샴페인 잔을 들고 돌아다닌다. 생각해보니 광수가 와 있었다. 광수를 찾아다니는데 저쪽에 회장님과 같이 있다. 갈까 말까 고민한다. 고민은 짧게 한다. 회장님께 잘 보일 겸 천천히 다가간다.

높디높은 회장님과 광수는 상하관계가 아닌 수평관계로 보인다. 보통 회장님 옆에 있으면 어깨가 굽고 허리가 숙여지기 마련인데 광수는 어깨를 떡 벌리고, 허리도 꼿꼿이 펴고 있다. 회장님 앞에서 저렇게 여유로운 사람은 처음 본다.

나의 돈 많은 고등학교 친구.

뿌듯하면서도 부럽다.

점점 더 가까이 간다. 내가 껴서는 안 될 분위기다. 레벨이 다르다. 마치 사자들의 식사에 토끼가 끼는 것만 같다. 회장님이 나를 인지한다.

"영철 과장! 이리 오게. 한잔해."

창립자의 외동딸. 50대 중반. 짧은 머리, 흰색 블라우스 위의 자줏빛 재킷, 단아한 구두, 운동으로 다져진 탄탄함. 나이에 맞는 주름에 잘 관리된 피부. 그리고 또렷한 눈빛.

공격력은 없지만 높은 전투력을 가지고 있어 함부로 대하기 어려운 아우라.

회장이란 직책이 범접할 수 없는 분위기를 만든 건지 그녀의 태생적인 독특한 매력인지 분간이 가지 않는다.

"광수 사장님이랑 친구라면서? 역시 능력 있는 사람들끼리는 어떻게든 만난다니까. 하하하하."

쾌활한 웃음이다.

"광수 사장님, 우리 사옥 잘 부탁해요."

회장은 광수의 어깨를 툭툭 치더니 자리를 옮긴다.

영철은 회장님이 시야에서 사라지기를 기다린다.

"광수야, 회장님이 뭐라셔?"

"우리가 친구 사이라고 말씀드렸어."

"정말? 또 무슨 얘기 한 거야?"

"평창동에 집 지을 계획 있으시다고, 그것도 해달라고 하셨어."

"아…… 또?"

"음…… 미술품에 관심 많냐고 물어보셨어. 없다고 하기에는 좀 그래서 있다고 했더니 언제 한번 그림 보러 가자고 하시네."

"회장님이? 너랑?"

"응. 회장님 친구분들도 많으실 텐데 왜 굳이 나랑……."

"네가 편한가 봐."

"뭐. 그럴 수도. 너도 갈래?"

영철은 요즘 아트 재테크가 유행이라는 것을 익히 들었다. 이번 기회가 아니면 왠지 기회가 없을 것 같다.

"네가 회장님께 말해줘. 영철 과장도 같이 가도 되냐고."

일주일 뒤 한남동에 있는 갤러리에 같이 가기로 약속이 잡혔다.

나의 돈 많은 고등학교 친구는 정말 대단하다.

부자가 되는 꿈

영철은 요즘 살이 찐 것 같아 점심식사로 샐러드를 먹는다. 이제 혼자 먹는 게 편하다. 다 먹고 나니 어딘가 허전하다. 공차에 가서 버블티 한 잔을 테이크아웃 한다. 샐러드를 먹었으니 공차를 먹어도 살이 안 찔 것이다.

버블티를 힘차게 빨아올리며 청계천을 걷다가 보니 작은 규모로 개인전을 하고 있는 갤러리가 보인다. 잘됐다. 회장님 앞에서 그림에 대해 아는 척도 좀 할 겸 들어가본다. 다행히 입장료가 없다. 입장료 있었으면 당연히 안 들어간다.

쓱 둘러본다. 쓱쓱 붓으로 문지른 듯한 그림들이다. 나도 그릴 수 있을 것 같다. 아래쪽에 가격이 써 있다. 25만 원. 여차하면 살 수 있는 가격이다.

그 옆에 더 큰 그림에 있다. 꽃 그림이다. 수백 송이가 그려진 복잡한 그림이다. 화가의 손이 많이 간 것 같다. 대충 그린 것보다 열심히 그린 티가 나는 걸 사야 돈이 안 아까울 것 같다. 80만 원. 이 정도면 거실에 걸어도 될 것 같다.

아니다. 마당에서 서식하고 있는 나방과 하루살이들이 진짜 꽃인 줄 알고 득달같이 달려들 것 같다. 80만 원이 비싸서가 아니다. 더 안쪽으로 들어가니 100만 원, 300만 원짜리도 있다.

일주일이 지났다. 회장님과 갤러리를 방문하기로 한 날이다. 광수와 영철은 먼저 도착해서 기다린다. 회장님의 제네시스 리무진이 저쪽에서 온다. 차 번호가 '7890'이다. 소문에는 회장님은 상승하는 번호만 선호하신다고 한다.

회장님이 내린다. 흰색 트레이닝복을 입고 있다. 가벼운 화장을 하고 손목에는 분홍색 스트랩의 애플워치가 있다. 운동을 하다 온 듯한 복장이다. 회장님의 사적인 모습은 처음 본다.

갤러리 직원이 커다란 유리문을 열어준다. 은은한 조명에 나지막하게 슈베르트의 〈아르페지오네 소나타 A단조〉가 나오고 있다. 청계천 옆에서 봤던 그림과는 완전히 다른 레벨의 작품이다. 미술에 무지한 영철이 봐도 알 수 있을 정도다.

직원은 작품에 대해 상세히 설명해준다. 무슨 말인지는 알겠지만 무슨 의미인지는 모르겠다.

가격을 본다. 동그라미가 꽤 많다.

일, 십, 백, 천, 만, 십만, 백만, 에이 설마…… 천만…… 에이 설마…… 억?

어어어억!

이따위 그림 쪼가리가 무슨 억이나 해!

나의 패밀리 세단의 정석 메르세데스 벤츠 E클래스보다 더 비싸다는 게 이해가 가지 않는다. 내가 정신적 충격을 받은 사이 회장님과 광수는 멀찌감치 서서 대화를 나눈다.

"광수 사장님, 사옥은 별 문제 없나요?"

"없습니다, 회장님."

"사실 이런 자리를 따로 마련한 이유가 있어요."

"어떤 이유인지요?"

"사과를 드리고 싶기 때문이에요."

"네? 무슨……?"

"현장 소장과 나는 국민학교, 아니 초등학교 친구예요."

광수는 흠칫 놀란다.

"놀랐죠? 그 친구는 집안이 어려웠고, 알다시피 나는 부모님으로부터 모든 것을 물려받아서 많은 것이 달랐지만 우리는 친했어요. 부끄럽지만 부모님의 부정부패와 온갖 비리 때문에 집안이 조용한 날이 없었어요. 언론에도 안 좋은 일들로 비춰지면서 친구들 사이에서 따돌림을 받기도 했답니다."

회장과 광수는 다른 그림으로 시선을 옮기며 천천히 걷는다.

"그러셨군요."

"그 친구는 좀 달랐어요. 날 알아주고 이해해줬어요. 하루는 집에 있는 음료수와 빵을 나눠주려고 했는데 자기는 거지가 아니라며 거절하더군요. 그때 알았죠. 나도 모르게 여유 있는 내가 도와줘야겠다고 생각했다는 것을요. 그게 잘못된 거였어요. 돈이 있다고 해서 남보다 위에 있고, 없다고 해서 아래에 있는 게 아니었던 거예요. 그날 알았죠. 돈을 잘못 사용하면 누군가에게는 폭력이 될 수도 있다는 것을요."

"네에……."

"그 일이 있고 나서 더 친해졌어요. 다른 친구들은 사람들에게 저를 소개할 때 어디 그룹 회장이라고 말하는데 그 친구만 '돈 많은 초등학교 친구'라고 소개를 해요. 하하하."

"그런데 저에게 사과를 하신다는 건 무슨……?"

"아, 팀장과 있었던 일 들었어요. 저희 인사팀에서 잘 처리할 겁니다. 지난번에 공장 지을 때도 비슷한 요구가 있었죠?"

"네. 사실 이번이 처음은 아닙니다."

"불편하게 해서 미안합니다."

"아닙니다. 괜찮습니다."

회장님은 유심히 보던 작품을 한 점 산다. '억' 소리 나는 그림이다.

갤러리를 나온다. 주차장에는 각자의 차 세 대가 나란히 주차되어 있다.

"광수 사장님, 내 차 번호가 왜 '7890'인 줄 알아요?"

영철은 답을 이미 알고 있다. 회장님이 상승하는 번호를 좋아한다는 것을. 광수가 대답한다.

"잘 모르겠습니다만, 회장님의 철학과도 관련이 있나요?"

"부모님이 회사를 경영하시면서 나에게 물려줄 때까지 만든 불법 자금이 총 789억 원이었어요. 그래서 789라고 했고, 마지막 0은 내가 추구하는 숫자예요. 깨끗한 것, 윤리적인 것, 투명한 것. 최소 내가 회장으로 있는 기간만큼은 나 자신에게 떳떳하고 싶어요. 그래야 직원들에게도 떳떳할 수 있지 않겠어요?"

영철은 집으로 오면서 생각한다.

회장님의 깨끗한 이미지는 외모에서만 나오는 게 아니라는 것. 본인이 깨끗하기에 직원들에게 깨끗함을 강조할 수 있다는 것. 멋있다. 사기꾼 같은 점쟁이 무당 누님은 영구 삭제하고 나의 멋있는 회장님을 진짜 누님으로 모셔야겠다.

그리고 아까 가장 저렴했던 1,200만 원짜리 그림이 머릿속에 아른거린다. 10년 뒤에는 1억 2천으로 떡상할 것 같다.

집에 도착해 아내와 맥주를 마신다.

"자기야. 나 그림 하나 살까 하는데."

"그림? 얼마인데?"

"1,200만 원. 그림 하나 잘 사두면 평생 먹고살 수 있대."

아내는 맥주 캔을 탁 내려놓더니 말한다.

"양치는 맨날 20분씩 하면서 왜 그딴 말만 입에서 나오는 건데! 하지 마. 아무것도 하지 마. 제발 가만히 있어!"

화가 난 말투다. 공격이 시작될 것만 같다. 아니나 다를까 머리를 거칠게 쓸어 넘기면서 목소리를 높인다.

"당신이 주식으로 말아먹고, 이 집값 반토막이 났어도 내가 아무 말도 안 했어. 그런데 그림을 사겠다고? 제정신이야? 당신은 가만히 있는 게 투자야!"

문을 쾅 닫고 들어가버린다.

———

월요일 아침, 영철은 주말 내내 아내와 한마디도 하지 않았다. 아니, 못 했다. 말을 걸 수 없었다. 요즘 남자 동료들이 하나둘씩 갤럭시에서 아이폰으로 바꾸기에 같이 바꿔보려고 했는데 그것마저 못 하게 생겼다.

사옥 공사 현장으로 바로 출근한다. 건물이 점점 높아지는 것이 신기하다. 크레인이 열심히 양팔을 뻗고 왔다 갔다 한다. 광수는 컨테이너 안에서 도면을 보고 있다. 영철은 간이 의자에 앉는다.

"마누라한테 그림 산다고 했다가 핸드폰도 못 바꾸게 생겼네. 에이. 넌 그날 뭐 샀어?"

광수는 도면을 보며 건조하게 대답한다.

"아무것도 안 샀어. 위험한 투자는 안 해."

"요즘 미술품 투자가 유행이라던데?"

"비트코인 같은 거지. 대박 아니면……."

"쪽박."

"정답."

"회장님도 한 방을 노리시는 건가?"

"그분은 돈이 넘쳐서. 보통 사람들하고 다르지."

"그럼 미술품은 투자 가치가 없다고 봐?"

광수는 도면에서 눈을 떼고 영철을 쳐다본다.

"예술적 가치와 투자적 가치는 다른 것 같아. 매매라는 것은 '싸다'와 '비싸다'의 간격이 좁혀졌을 때 성사가 되는데 미술품은 싸고 비싸고를 판단하기도 어렵고 그 간극이 너무 커서 거래가 이뤄지지 않을 가능성이 크지."

"유명한 작가가 그리면 비싼 거, 아니면 싼 거. 뭐 그렇게 결정되는 거 아닌가?"

"뮤지컬 〈오페라의 유령〉에서 가장 좋은 자리를 50만 원에 사서 관람했다고 쳐. 누구는 50만 원이 전혀 아깝지 않았다고 할 테고, 누구는 시간 낭비에 돈 낭비 했다고 느낄 수 있지. 이런 예술은 사람의 감정에 의한 판단이라서 매도자와 매수자 사이의 심리적 불균형이 다른 자산들보다 훨씬 클 수밖에 없어."

"부동산처럼 공시가나 주식처럼 회사 재무제표 같은 수치가 없어서 그럴 수 있겠네."

"응. 예술품은 예술로서의 가치를 두고 봐야지 어설픈 안목을 가진 사람들이 투자로 하기에는 위험하지. 공급도 너무 많아. 지금 이 순간에도 수천 명의 아티스트들의 작품이 시장에 쏟아져 나오고 있어. 하지만 훌륭한 회사는 한 해에 열 개가 생길까 말까 해. 부동산도 마찬가지고."

"듣고 보니 그렇네. 그런데 왜 이렇게 광풍인지 모르겠네."

"자산이 넘치는 사람들은 더 이상의 사치재가 없어서 컬렉팅을 하는 거고, 자산이 없는 사람들은 집을 사기에는 돈이 부족하고, 남들이 한다니까 한 번 해보는 건데 결국 박탈감과 조급함으로 하는 투기인 거지."

"너희 집에 있던 그 큰 그림은 뭐야? 무지개색으로 막 그어져 있던 거. 비싸 보이던데."

"하하. 광현이가 어릴 때 고무장갑에 물감 묻혀서 낙서한 거야."

영철은 새로운 투자처를 찾았나 해서 잠시 기뻤지만 광수의 부정적인 말에 한풀 꺾인다.

"와이프가 나보고 아무것도 하지 말래. 하하하."

광수는 아무 대답도 하지 않는다. 영철이 한 말이 공기 중에 그대로 흘러간다.

영철은 뻘쭘한 표정으로 있다가 현장 쪽으로 간다. 핸드폰을 꺼내 사진을 찍는다. 아래쪽의 잘 안 보이는 곳을 찍기 위해 아슬아슬하게 팔을 뻗는다. 순간 중심을 잃고 넘어지면서 썰매 타듯이 쭉 미끄러져 내려간다. 5미터 정도 내려가다가 멈춘다. 입고 있던 정장에는 갈색 흙이 지저분하게 묻어 있다.

엉덩이를 털다 보니 시원함이 느껴진다. 찢어진 바지 사이로 찬바람이 솔솔 들어오고 있다. 보들보들 부드러운 촉감의 팬티가 만져진다.

"아, 젠장! 빌어먹을!"

영철이 소리친다.

작업하던 사람들이 영철을 끌어올린다. 광수는 영철의 등을 털어준다.

"다친 데는 없어?"

영철은 억울함과 창피함이 밀려온다. 어제 아내가 했던 말이 생각난다.

'아무것도 하지 마!'

영철은 쓰고 있던 안전모를 바닥에 내팽개치며 소리친다.

"진짜 이 나이 먹고…… 잘해보려고 하는데 되는 게 하나도 없어! 나는 왜 이 모양 이 꼴인 거지? 왜! 도대체 왜!"

주변에 있던 사람들이 영철을 바라본다. 광수는 영철의 어깨를 감싸 안은 채 현장을 빠져나간다.

―――――

근처 편의점 테이블에 앉는다. 광수는 옥수수 수염차를

사서 영철에게 건넨다. 영철은 자신의 갑작스러운 '급발진'이 미안하면서 창피하다. 광수는 격한 감정을 추스른 영철을 보며 부드럽게 말한다.

"괜찮아졌어?"

"어. 아까 혼자 오버해서 미안."

영철은 옥수수 수염차의 뚜껑을 열고, 벌컥벌컥 마신다.

"난 왜 이럴까? 모르겠어. 왜 사는지도 모르겠어."

"영철아, 우리 조금 더 천천히, 신중해보자."

"아무것도 안 하고 싶어. 그냥 조용한 곳에서 아무것도 안 하고 싶어. 내 나이 마흔이야. 뭔가 이루었어야 할 나이라고. 너처럼 말이야. 넌…… 나랑은 스케일이 달라. 살고 있는 세상이 다르다고."

"우리 이렇게 같은 곳에서 일하고 밥 먹는데 다르긴 뭐가 달라."

"너는 사업가고 나는 일개 직원일 뿐이야."

"나도 너와 다를 바가 없어. 직업이 다를 뿐이야. 공사 대금을 못 받거나 실수가 있으면 한번에 부도가 날 수도 있어. 그것도 수십억 수백억 빚을 떠안고 말이야. 다 장단점이 있기 마련인 거 너도 잘 알잖아."

영철은 저도 모르게 안심이 된다. 질투심이 살짝 꺾인 것인지도 모른다.

영철은 광수의 호화로운 집만 생각했었다. 여름에는 에어컨이 빵빵해서 춥고, 겨울에는 히터가 빵빵해서 더운 사무실에서 지낸 자신과는 반대로 여름에는 한증막 같은 곳에서, 겨울에는 냉동 창고 같은 곳에서 일한다는 사실을 알면서도 잊고 있었다.

영철이 말한다.

"나는 내 일에, 내 벌이에 만족하고 살아왔는데 지금 생각해보면 그 만족이 오히려 나를 후퇴시키는 것 같아."

"진심으로 만족했어?"

광수는 현재에 만족한다는 말이 검증되지 않은 주식과 부동산에 성급한 투자를 했던 영철의 행동과 일치하지 않아서 다시 한번 물어본다.

영철은 멀리 흘러가는 구름을 바라본다. 여유롭게 흘러간다. 광수의 호화로운 집도 부러웠지만 내면의 여유가 더 부러웠던 것 같다.

"아니, 만족이라기보다는 '이 정도면 됐지'였어. 그런데 갑자기 만난 돈 많은 고등학교 친구를 보면서 마음에 뭔가 자극이 된 것 같아."

광수는 그게 본인이라는 것을 알고 있다.

"광수야, 나 말이야…… 지금이라도 늦지 않았을까?"

광수는 씩 웃으며 말한다.

"너무 좋은 나이야."

"빠르게 변하고 있는 세상을 못 따라가는 것 같아."

"돈을 버는 지식은 변하지만, 돈을 버는 지혜는 변하지 않아. 그래서 괜찮아."

"너는 괜찮다고 말할 수 있겠지만 나는 별로 괜찮지 않아."

"해야 할 게 하나 있어. 지금까지 너는 잘 살아왔다고 믿기. 모은 자산이 없다고 자기 혐오에 빠지지 않기."

"……그럴 자신이 없다."

영철은 뭔가 해볼 것처럼 질문하고, 자신 없다고 말한 자신이 순간 창피하다. 옥수수 수염차를 한 모금 마시고, 다시 묻는다.

"어떻게 시작하면 되는 거야?"

광수는 잔잔한 미소를 띠며 하나씩 설명한다.

"해야 할 일과 하고 싶은 일, 지금 당장 바라는 것과 진정으로 바라는 것을 구분하는 거야."

"무엇을 언제 사서, 언제 팔지 그런 게 중요한 거 아니야?"

"사람들은 나무가 뿌리를 내리기도 전에 가지가 쭉쭉 뻗어 탐스러운 열매가 열리기를 바라곤 해."

광수는 최대한 기분 상하지 않도록 조곤조곤 이야기한다.

"누구나 부를 얻기 위한 욕망이 가득하고, 심지어 부자가 될 수 있는 방법을 이미 알고 있어."

"방법? 뭔데?"

"더 벌고, 덜 쓰고, 잃지 않는 것."

"그게 방법이라고? 너무 간단한데?"

"그렇지. 하지만 너무 간단한 공식이라 무시해버리고 부자가 되는 특별한 기술이나 조언해줄 사람을 찾아다니지."

영철은 틈만 나면 동료들과 '좋은' 종목에 대해 얘기하던 시간들을 떠올리다가, 광수에게 묻는다.

"너는 어떻게 시작했어?"

"당장의 편안함, 안락함은 포기했어. 자존심을 내려놓고, 소비를 줄이고, 무엇이 자산이고 무엇이 부채인지 파악하고, 그때그때 밀려오는 인생의 풍랑을 피하지 않고 마주하려 했어."

"말만 들어도 피곤하다."

광수는 들고 있던 옥수수 수염차를 내려놓는다.

"무인도에 갇혔을 때, 다른 사람들은 밤마다 모닥불을 피고 빙 둘러앉아 서로를 위로해주는 동안 나는 큰 나무들을 하나씩 엮어서 뗏목을 만들려고 했어. 그 사람들은 구조대가 올 것이기 때문에 그럴 필요 없다고 했지만 나는 계속 만들었지. 뗏목이 만들어졌을 때 모닥불 옆에 있던 사람들에게 같이 타고 가자고 제안했지만 위험해 보인다며 아무도 타지 않았어. 혼자서 뗏목을 타고 열심히 노를 저어 가는데 저 멀리 돛을 달고 가는 배가 보였어. 훨씬 편하고 빠르게 갈 수 있는 방법이 있다는 것을 알았지. 그때부터 가지고 있던 옷과 이불을 최대한 넓게 펴서 돛을 만들기 시작했어. 추웠지만 더 빨리 내가 원하는 목적지에 도달할 수만 있다면 그 정도는 감수해야 했지. 결국 돛은 완성되었고, 생각보다 더 빨리 도착할 수 있었어."

"무인도는 무엇을 뜻하는 거야? 직장을 뜻하는 거야?"

"아니, 현재의 나."

"그럼 뗏목은…… 그랜저?"

"종잣돈, 지식, 지혜."

"돛은?"

"자산."

"목적지는?"

"자유."

"흠……."

영철이 멍하니 옥수수 수염차 페트병의 밑부분을 손에 쥐고 시계 반대 방향으로 돌린다.

광수는 말을 이어간다.

"대부분의 사람들은 욕망에 끌려가지만 부자가 되는 과정을 밟게 되면 욕망을 줄이는 방법을 알게 돼."

"그래도 살면서 하고 싶은 것들, 먹고 싶은 것들은 먹으면서 살아야 하잖아."

'처음의 습관은 내가 만들지만 시간이 지나면 결국 습관이 나를 만들고, 처음의 돈은 내가 따라가지만 시간이 지나면 결국 돈이 나를 따라오지.'

광수는 이 말이 입안에 맴돌았으나 너무 가르친다는 느낌이 들어서 돌려 말한다.

"부란 올바른 습관이 반복된 결과일지도 몰라."

그 말을 들은 영철은 그렇게까지 해서라도 부자가 되어야 하는가, 하는 의문이 생긴다.

"그런데 부자가 꼭 되어야 하는 거야?"

"그건 네 마음속 깊은 곳에서 어떤 울림이 있는지에 따라 다르지. 부자가 되어도 안 되어도 상관없어."

"나는 다 잘하고 싶어. 주식도, 부동산도, 회사 일도."

"잘할 수 있어."

"어떻게?

"주식과 부동산은 재화나 서비스가 아닌 자산이야. 사고 팔기를 반복하는 게 아니라는 뜻이야. 좋은 것을 사고 모아가면서 인내심을 가지고 오래 보유하기만 하면 돼. 하지만 그 인내심 뒤에 맴돌고 있는 조바심이라는 빌런을 조심해야지."

"무슨 말인지는 알겠는데 나는 애초에 좋은 것을 사지

않았어. 그게 아니라 못 한 거였지. 몰랐으니까."

"충분하지 않은 종잣돈은 선택의 폭을 줄이고 리스크를 높여. 마찬가지로 어설픈 지식과 지혜 역시 최적의 선택을 하는 데 빌런의 역할을 하지. 탄탄하게 모아둔 종잣돈, 오랫동안 쌓은 지식과 지혜가 동시에 모이는 시점에 비로소 현명한 선택을, 최선의 선택을 할 수 있어. 그때가 되기를 기다려야 해. 결국에는 자연의 움직임과 같아. 눈에 보이지 않을 정도로 느려. 서두르지 않는다는 뜻이지."

"시간이 없다는 핑계를 대면 네가 무슨 말을 할지 궁금해지네."

"지난번 회장님이 초청해주신 행사 때 최득근 부장님과 인사를 했어. 각진 턱에 터질 것 같은 셔츠가 인상적이었지. 시간을 쪼개서 운동을 한다고 하시더라."

"그 사람은 원래 몸이 좋았어."

영철은 방금 했던 말을 취소하고 싶다. 현실에서는 'Ctrl+Z' 키가 없다. 그런 영철의 표정을 본 광수는 고개를 끄덕인다. '그렇게 생각할 수 있다'라는 뜻인 것 같다.

"아까 욕망과 마찬가지로, 사람들은 시간에 쫓기며 살아가지만, 시간이라는 멈추지 않는 배에 올라타는 법을 알게 되면 마음껏 사용할 수 있지."

"올라타라니…… 너무 어렵다."

"돈을 쓰면서 시간까지 허비하는 사람은 돈이라는 것에서 자유로워질 수가 없어. 왜냐하면 시간 역시 돈이기 때문에 돈을 쓰면서 돈을 한 번 더 쓰는 것과 같은 거거든. 돈과 돈을 쓰니 돈이 없는 거야. 결국엔 그 돈을 벌기 위해 더 많은 일을 해야 하지. 그 굴레에서 벗어나기가 어렵게 돼."

"회사 가는 것부터 해서 근무시간에 퇴근 시간까지 너무 싫어. 그래서 집에 오면 아무것도 하기 싫고 그냥 누워 있고 싶어. 내가 문제인 거야?"

"모든 문제를 정의하는 것은 '나 자신'이라고 봐."

"후…… 또 내 잘못인가. 회사 일이 지겹고 짜증나는 것투성인 건 사실이잖아."

"'짜증나는 것'이라고 이름을 붙이는 것도 바로 자기 자신이야. 어쩌면 그게 가짜 의식일 수도 있어. 틀 안에 가두는 신념과 고정관념으로 나를 제한하는 거지."

"그렇다면 객관적으로는 할 만한 일인데 짜증나는 일, 스트레스 받는 일이라고 내가 인식하고 있다는 거야?"

"그럴 수 있다는 거지."

"아…… 이해가 안 되네. 꼴 보기 싫은 팀장, 건방진 후배, 나한테는 전혀 도움 안 되는 쓸데없는 잡일이라고 생각하는 게 모두 나의 의식 때문이라니……. 그럼 너는 하고 있는 일에서 전혀 스트레스를 안 받아?"

"일에 대한 스트레스는 있지만 그것을 내 자아, 인생, 존재 이유 같은 내면의 공간에는 투여하지 않아. 스트레스를 주는 그 과제만 해결하면 되거든."

"어떻게 그게 가능할 수 있지?"

"관조적 태도, 관조적 시선, 그리고 관조적 삶."

"관조라는 게 무슨 뜻이야?"

"네이버에서 찾아봐."

영철은 네이버에서 '관조'를 검색한다. 어학사전에서 단어를 눌러본다.

관조(觀照) : 고요한 마음으로 사물이나 현상을 관찰하거나 비추어 봄.

"영철아, 일은 당연히 하기 싫고 힘들어. 하지만 그것이 네가 원하는 삶에 방해가 되지 않았으면 좋겠어. 특히 부자가 되고 싶다면 말이야. 부자가 되는 길은 반복적인 직장 생활보다 더 괴로울지 몰라. 하지만 당연히 겪는 과정이자 숙제라고 여기고, 우리의 꿈에 비하면 아무것도 아니라는 것을 알았으면 좋겠어. 그렇기 때문에 회사의 스트레스가 삶의 고통이라고 연결 짓지 않기를 바란다."

"어렵다, 어려워. 돈을 벌기 위해서 내가 가지고 있는 관념과 의식까지 갈아치워야 한다니…… 대체 돈이 뭐기에? 돈은 쓸 때 가치가 있는 건데…… 왜 누구는 계속 돈을 벌고, 누구는 못 버는 거지? 단순히 사업이 잘되거나 투자를 잘해서가 아니라는 느낌이 들어."

"부를 이루기 위해서는 생각, 마음, 행동, 이 세 가지가 일치해야 해. 많은 사람들의 생각은 '한다'지만 마음은 '하기 싫다', 행동 역시 '안 한다' 이렇게 살아가고 있어. 그 다음 단계는 생각은 '한다', 마음은 '하기 싫다', 행동은 '꾸역꾸역 한다'야. 그러면서 뭐라도 하지만 이게 지속되면 오래가지 못해. 그래도 어떻게든 하다 보면 마음이 '하기 싫다'에서 '하고 싶다'로 바뀔 수 있지."

"그럼 최상의 경우는 생각, 마음, 행동이 전부 '하고 싶다'인 거야?"

"응. 이 세 가지가 같은 선상에서 한 뜻으로 모아진다면 강력해져. 그 시너지는 덧셈이 아닌 곱셈의 효과를 불러올 수 있지. 세 가지 요소 중 하나라도 다른 방향을 보고 있다면 부를 이루기 어렵고, 이룬다 하더라도 유지하지 못해."

"나는 부자가 되고 싶은 생각도, 마음도 있어서 주식과 부동산을 사는 '행동'을 했는데 결과는 왜 이렇지?"

"그때 너의 마음은 사실 '하기 싫다'였을 거야."

"아니야. 하고 싶어서 행동한 거야."

"주식과 부동산에 대해 깊이 공부하기 싫다, 그래서 쉽게 하고 싶다……."

"솔직히 나도 알아. 한 방은 없다는 거. 노력 없이는 안 된다는 거. 그래도 그렇게 마음먹는 게 잘 안 돼."

"많은 사람들이 자신의 생각, 마음, 행동이 오로지 자신 안에서 만들어진다고 생각하지만, 사실은 외부적인 것들에 영향을 받고 있다는 것을 잘 몰라."

"수동적이라는 뜻이야?"

"비슷해. 문제는 외부로부터 받은 과제를 해결하려고만 할 뿐, 스스로 찾지는 못한다는 거야. 외부의 자극에서 생기는 수동적 의지는 지속되기가 어렵기 때문에, 내 안에서 의지를 찾고 그것을 밖으로 끌어내야 해."

"음, 광수야. 그렇지만 주변 사람들, 상사, 후배들도 나와 마찬가지로 주어진 일을 하기도 급급해. 그 와중에 소소한 행복을 찾는 거지. 내 안에서 끌어낸다는 건 너무 이상적인 것 같아."

"우리의 행복 지수는 업무를 처리하고 문제를 풀어가는 과정에서는 마이너스이고, 업무를 완수했을 때 비로소 0이 돼. 그러다 보니 플러스가 아닌 마이너스와 0 사이에서 왔다 갔다 하고 있는 거야. 그래서 행복할 수도 없고,

만족할 수도 없고, '이 정도면 됐다'라는 안도감을 행복이라고 믿고 살아가고 있어."

"다들 그렇게 살고 있는 것 같기도 하네. 왜 그렇지?"

"진심을 불안이라는 포장지로 덮어버리면서 정당화하고 있기 때문이야. 이건 윤리적인 문제와는 전혀 상관없어. 용기를 가지고 많은 포장지를 걷어내야 해. 그리고 진짜 내 모습을 봐야 하지."

"나를 있는 그대로 바라본다……. 해본 적이 없어. 어떻게 해야 할지도 몰라."

"심리검사를 할 때 검사지의 질문들 생각나? '자유 시간 중 상당 부분을 다양한 관심사를 탐구하는 데 할애한다' 같은 이런 질문을 평소에는 받지도 않고, 하지도 않지. 나에 대한 수많은 질문들을 던져보는 거야. 물론 대답은 기분과 상황에 따라 바뀔 수 있어."

"왜 바뀔 수 있지?"

"이런 질문을 주고받는 게 처음이기 때문에. 누구나 처음은 어렵지."

"내가 이룬 게 없는데 나에게서 찾는다는 것은 너무 어려운 일인 것 같은데."

"자신감만 있으면 돼."

"이룬 게 없는데 무슨 자신감이 있겠냐고."

"할 수 있어. 성공하겠다는 자신감, 부자가 되겠다는 자신감, 원하는 삶을 살 수 있다는 자신감을 가져. 하다가 잘 안 되면 자기 비하를 하거나 남 탓을 하기보다는 '이건 액땜이다', '과정의 일부다'라는 긍정적 해석을 만들어내면서 계속 전진하는 거야."

"계속해야 한다는 것 자체에 벌써부터 숨 막힌다."

잠시 정적이 흐른다. 영철은 광수의 충고를 곱씹어보더니 말한다.

"네가 지금까지 말한 것들을 적용하면 나도 부자가 될 수 있을까?"

"보장된 것은 없어."

"부자가 된다는 보장도 없는데 많은 것을 포기해야 하다니……."

"포기하는 게 어렵기 때문에 성공하기가 어려워. 그렇기 때문에 지속해야 해."

"그래도 안 되면?"

"올바른 습관이 몸에 배어 있는지, 시간을 효율적으로 쓰고 있는지 점검해야 할 거야. 하지만 이건 잘되든 안 되든 주기적으로 필요한 자기 점검이야. 영철아, 시작하기도 전부터 안 된다고 의구심을 가지면 아무것도 할 수 없어. 지속할수록 '가능성'과 '효율성'이 가파르게 올라간다는 것을 믿으면 좋겠어."

두 사람은 남은 옥수수 수염차를 쭉 들이켜고, 자리에서 일어난다. 광수의 그랜저 뒤에는 영철의 벤츠가 주차되어 있다.

"수십억짜리 집에 사는 너 정도면 포르쉐 정도는 끌고 다녀도 되는 거 아니야?"

"포르쉐가 2억 정도 하지?"

"그 정도."

"최근에 직원들의 편의와 업무 효율을 위해서 사무실 인테리어에 2억을 썼는데 그 2억의 투자가 머지않아 최소 20억의 가치를 일으킬 거라고 기대하고 있어."

오늘따라 벤츠보다 그랜저가 더 좋아 보인다.

———

10년 후, 광현과 영현은 대학생이 되었다. 우연히 같은 대학교에 진학한다.

광수는 광현을 독립시키기로 한다. 원룸 보증금과 첫 달 월세만 내주었다. 광현은 독립의 기쁨에 만세를 외쳤지만 원룸의 상태와 월세의 압박을 모르고 있다. 그런 광현을 본 영현도 독립을 하고 싶지만 여윳돈이 없어 광현과 같이 살자고 제안한다. 광현은 비좁지만 월세 40만 원을 20만 원으로 나눌 수 있었기에 흔쾌히 수락한다.

두 사람은 학교를 다니면서 아르바이트도 한다. 스스로 돈을 버는 경험이 처음이다. 힘들지만 신기하다. 가장 좋은 건 부모님 눈치를 보지 않고 돈을 자유롭게 쓸 수 있다는 점이다.

처음으로 혼자 힘으로 돈을 벌어본 광현과 영현은 각자의 부모님께 잠옷을 선물한다. 신기하게도 분명히 쓰는 것보다 버는 게 많은데도 통장 잔고는 그대로이다. 이유가 궁금하다.

광현은 영현도 들을 수 있도록 광수에게 스피커폰으로 전화를 한다.

"아버지, 돈을 버는데도 안 모여요."

"소비 습관이 너희 미래를 좌지우지할 수도 있다."

"아껴 쓰라는 말씀이시죠?"

"단순히 '아껴 쓰라'는 뜻은 아니야. 소비하기 전에 해야 할 일이 있어."

"음…… 두 번 생각하고 쓰기, 그런 건가요?"

"아니. 더 버는 거."

"그야 당연하죠. 지금 벌고 있어요."

"이번 달에 사야 할 게 있다면 지난 달보다는 더 벌어야 해. 감정적인 소비는 허탈함만 남아. 부자가 되겠다는 의지는 감정적이지만 부자가 되는 과정은 이성적이어야 해."

"소비 조절에 대한 관념을 바꿀 필요가 있겠네요."

"그렇지. 다른 사람들이 쓸 때 나는 모으고 있다고 해보자. 그때는 쓰는 사람이 자유로운 것 같지만, 실제로는 모으는 사람이 머지않아 다가올 자유를 소유하는 셈이지. 이런 생각의 전환이 필요해."

"그래도 친구들 놀러 다니는 거 보면 부럽긴 해요."

"씀씀이가 크다면 그만큼 빠르게 가난해지고 있다는 뜻이야. 돈을 쓰면서 즐거움을 느끼지만 줄어든 통장 잔고를 보면서 고통을 느껴. 반대로 돈을 모으는 것은 고통스럽지만 불어난 통장의 잔고를 보면서 행복과 성취감을 느끼지. 가난해지느냐 부자가 되느냐의 길은 과정도 다르고 결과도 다르단다."

둘은 무신사 온라인 쇼핑몰 장바구니에 담아두었던 옷들을 전부 삭제한다.

그때 영현의 핸드폰이 울린다. '엄마'라고 뜬다.

"네, 엄마."

"영현아! 아빠가 임원 되셨다!"

영현과 광현이 도전

제대 후 대학 졸업을 앞둔 광현과 영현은 휴학을 한다. 대학에 입학한 지 5년만이다. 아르바이트 해서 모은 돈과 군대에서 모은 돈으로 사업을 해보고 싶다.

엉뚱발랄 광현과 신중한 성격의 영현은 '캠핑'이라는 분야에 도전해보기로 뜻을 모았다. 한국에 아직 없는 브랜드의 제품을 들여와 인터넷으로 팔 계획이다. 본사에 직접 연락했지만 아무런 대답도 받지 못한다. 해외에서 직구를 한다. 소비자 가격으로 사고, 배송비에 관세까지 더 하니 꽤나 비싸게 팔아야 한다. 그래도 아직 한국에서 이 브랜드를 파는 사람은 없으니 희소가치로 인해 찾는 사람들이 분명히 있을 것 같다.

블로그, 인스타그램을 통해 광고를 하고 스마트스토어 링크를 연결한다. 한 달간 판매는 전혀 이루어지지 않는다. 애초에 블로그의 이웃 수도 적고, 인스타그램의 팔로워 수도 별로 없었기에 제대로 홍보가 될 리가 없다. 그렇다고 돈을 주고 광고를 하자니 금전적으로 부담도 되고 이 비싼 캠핑 장비가 팔릴지 자신감도 없어졌다.

광현과 영현은 잔디밭에 누워 하늘을 바라본다.

"광현아, 우리도 저 구름처럼 목적지 없이 그냥 흘러가는 걸까."

"구름은 무거워지면 물벼락이라도 쏟아지지. 우리는 뭐 한들 빠진 자동차마냥……."

"그러게. 우리가 캠핑에 대해 너무 쉽게 생각했나? 캠핑하는 사람들이 많아지고 시장이 커지고 있다고 해서 너무 무턱대고 들이댄 건가 싶기도 해."

"지금 생각해보니까 나 편의점 아르바이트 할 때 사장님 표정이 눈썹 문신한 모나리자처럼 무표정이었거든. 맨날 혼자 폐기 도시락 먹고 장 트러블 생겨서 그런 줄 알았는데 이제야 이해가 간다. 푸하하하."

"이 상황에서 웃음이 나오냐. 저 물건들 어떡하지. 버릴 수도 없고."

"몰라 몰라. 머리 아파. 지방분해주사를 머리에 맞은 기분이야. 아버지께 연락할게."

광현과 영현은 약속 장소로 간다. 식당이다. 건물 전체를 쓰고 있다. 얼핏 봐서는 IT 회사 사옥처럼 생겼다. 건물 엘리베이터 두 대에는 사람들이 꽉꽉 차서 오르내린다. 메뉴는 딱 두 가지뿐이다.

　제육타워 덮밥과 치킨캐슬 덮밥.

　주문한 음식이 나온다. 밥 위에 어마어마한 양의 제육볶음과 프라이드치킨이 올려져 있다.

　"여기는 어떻게 이 정도의 양과 퀄리티의 음식을 이 가격에 팔 수 있지?"

　"그러게. 남는 게 있기는 할까?"

　광현과 영현이 소곤거린다.

　광수가 살짝 미소 지으며 말한다.

　"사장님이 이 건물 주인이셔."

　"그래요? 어쩐지……."

　"전 직장에서 이 건물을 지을 때 내가 현장 소장이었거든. 그때 사장님이랑 얘기를 자주 하면서 어떻게 사업을 해야 하는지, 어떻게 부자가 될 수 있는지에 대해 많이 배웠어."

　"아저씨가요?"

"응. 그때는 나도 마음의 여유나 금전적 여유가 없던 때여서 뭘 해야 할지 몰랐지."

그때 식당 사장님이 다가와 빈 의자에 앉는다. 광수보다 연배가 높아 보인다.

"아이구, 우리 광수 사장님 오랜만이에요."

광현이 물어본다.

"사장님, 궁금한 게 있는데요. 메뉴가 좀 특이한 것 같아서요. 제육볶음과 프라이드치킨…… 조합이 새로워요."

"사람들이 제일 좋아하는 메뉴만 파는 거예요. 보통 장사가 안 되면 새로운 메뉴를 만들어서 끼워 팔려고 하지만 그건 장사의 본질과는 다른 방향이죠. 내가 가장 잘할 수 있는 것, 나도 좋아하고 손님들도 좋아하는 것, 그리고 변하지 않는 것에 집중하는 게 장사의 핵심이죠."

"그런데 다른 곳에서도 비슷한 음식을 먹을 수 있는데 사람들은 왜 여기를 찾아오는 걸까요? 줄까지 서가면서요."

"요즘 식당 가면 사진 찍기 좋게 예쁘게 나오잖아요? 그런데 문제가 뭐냐 하면 양이 적어요. 전 그냥 단순해요. 맛있게 만들고, 푸짐하게 주는 거예요. 성공의 비결이 크고 대단한 건 줄 알지만 사실 이런 기본의 차이거든요."

"초반에 오픈하셨을 때 근처에 비슷한 메뉴를 하는 가게도 많았을 텐데 어떻게 경쟁에서 이기신 거예요?"

"저는 주변 가게들과 경쟁한다고 생각한 적이 한 번도 없어요. 진짜 경쟁자는 '손님의 만족'이지 다른 가게가 아니거든요. 아차, 음악 트는 것을 깜빡했네요. 이제 그만 가 볼게요. 맛있게들 먹어요. 젊은 친구들, 그리고 광수 사장님도."

스피커에서 클로드 드뷔시의 〈달빛〉이 흘러나온다.

광현은 가만히 귀를 귀울인다.

"아니, 이렇게 사람이 많은데 클래식이라니 독특하네요. 트로트처럼 신나는 음악을 틀어놔야 회전율이 올라갈 것 같은데 말이에요."

남자 셋은 덮밥을 먹는다.

광현은 제육볶음을 한 입 먹는다.

"음…… 천상의 맛이에요."

영현은 치킨을 한 입 먹는다.

"음…… 천국의 맛이에요."

광수가 웃으며 말한다.

"사람 많은 데 이유가 있지?"

셋은 각자의 그릇을 깨끗하게 비운다. 배가 터질 것 같다.

"그런데 너희들, 왜 나를 보자고 한 거니?"

광현과 영현이 서로를 마주보다가 광현이 지난 일들에 대해 설명한다. 광현이 하는 얘기를 끝까지 듣고 난 광수가 이야기를 시작한다.

"많은 사람들이 시작할 때 '어떻게 하면 잘 팔아볼까', '어떻게 하면 돈을 벌 수 있을까'에 대해 먼저 생각하지. 그게 틀린 건 아니지만 순서가 잘못됐어."

"그럼 뭐부터 해요?"

"'무엇을 줄 수 있을까'부터 생각해야 해. 내가 먼저 상대방에게 줘야 상대방도 나에게 그에 합당한 것을 준단다."

"선물을 돌리거나 아니면…… 밥 사주는 거요?"

"고객이 원하는 것 그 이상의 무언가를 줄 수 있어야 해. 나는 늘 생각하지. 내가 해줄 수 있는 것 중에 무엇을 줄 수 있는가. 고객들이 내게 비용을 지불한 게 아깝지 않다는 것을 넘어 감동을 주려면 무엇을 줄 수 있는지가 핵심이란다. 하지만 사람들은 '인풋' 대비 '아웃풋'을 계산하면서 손해는 보지 않으려고 하지. 장사라는 것은 아주 단순한 원리야. 고객들이 돈을 쓸 때 아깝지 않다고 생각이 들 정도의 가치를 제공하면 되거든."

광수는 남은 물을 쭉 마시며 잠시 생각한다.

"캠핑 장비를 팔아서 돈을 벌면 뭘 할 거니?"

"그야 뭐 돈 벌면 좋죠. 사고 싶은거 다 사고, 먹고 싶은거 다 먹고, 딱히 뭘 해야겠다고 정한 건 없어요."

"지금 한번 생각해보렴. 천천히."

"아버지, 저희는 지금 물건 하나도 못 팔았어요. 다음 단계를 걱정할 때가 아니라고요오."

광현의 입이 불쑥 나온다.

"그럼 다음 단계가 아닌 이전 단계에 대해 물어볼게. 캠핑이라는 것에는 많은 카테고리가 있는데 '캠핑 장비 판매'를 선택한 이유는 뭘까?"

"캠핑장을 운영하는 것에 대해서도 찾아봤는데요. 일단 땅이 필요하고, 종일 그 장소에서 관리해야 해서 저희와는 맞지 않는 것 같았어요. 다른 쪽으로는 캠핑 하는 모습을 담은 유튜브 영상을 찍어보려고 했는데, 찍고 편집하는 데 시간이 너무 오래 걸리고 수익이 날지 안 날지 몰라서 안 했고요. 그나마 가장 해볼 만한 게 장비 판매였어요."

"'바로 이거다'라는 확신이 있어도 성공하기 어려운데 '그나마 해볼 만해서'라니 안타깝구나."

"꼭 그런 뜻은 아니에요."

"가장 쉬우면서 당장 수익을 일으킬 수 있다고 생각했다면, 남들도 같은 생각을 했을 가능성이 클 텐데. 예상하건대 캠핑 장비 판매하는 온라인 스토어들이 수만 개는 될 것 같네."

"맞아요. 진짜 많아요. 오프라인도 점점 대형화되는 추세예요."

"그런데 왜 뛰어들었지?"

"저희 제품은 새로운 브랜드니까요."

"사람들은 이미 검증된 제품을 쓰는 것을 원해. 새로운 브랜드를 고객들의 소비로 연결시키려면 기존 제품보다 훨씬 더 큰 노력과 자본이 필요하지. 각오는 되어 있는 거니?"

"아버지, 저희는 잔소리 들으러 온 게 아니에요. 지금 상황을 돌파할 수 있는 아이디어를 얻으러 온 거라고요오."

광현의 입은 아까보다 더 튀어나와 있다.

"너희들이 캠핑 장비만 팔고 돈을 벌겠다는 단기적인 생각은 아파트를 1층만 짓고 말겠다는 뜻이야."

"1층을 지어야 2층도 지을 수 있는데 저희는 1층도 어떻게 짓는지 몰라요."

"그 이유는 말이다. 기반 공사를 단단히 하지 않았기 때문이야."

"기반 공사라니요?"

"이미 설계도가 다 나온 상태라고 해도, 터 파기가 끝나고 기초 골조를 세우는 동안 그 땅에 어떤 건물을 지어야 할지 좀 더 구체적으로 알 수 있어. 그때 설계 전체가 바뀔 수도 있고, 약간만 변경될 수도 있고, 그대로 유지될 수도 있지."

광수는 컵에 물을 따른다.

"내가 아는 많은 사람들이 캠핑이라면 딱 질색을 해. 벌레도 싫어하고, 밖에서 자는 것도 불편해하고, 놀러 나왔으면 사 먹고 싶고, 가사 노동으로부터 해방되고 싶은 마음도 이해가 가거든. 나도 사실은 예전에는 캠핑이 좋았지만 장비 챙기고, 정리하는 일이 힘들어지다 보니 호텔이나 리조트를 더 선호하게 되더구나."

"그 절충안으로 나온 게 글램핑이죠. 텐트 모양이지만 실내는 호텔처럼 깔끔하고, 장비들도 다 세팅 되어 있어서 편하죠. 아버지 혹시 글램핑이 뭔지 모르시는거 아니에요? 에이…… 모르시는 거 같은데요?"

"그래도 호텔의 고급스러움과 편리함이나 수영장, 피트니스, 조식 뷔페 같은 것을 누릴 수는 없어. 내가 하고 싶은 말은 반드시 캠핑족들을 위한 아이템이 아닌 캠핑을 안 좋아하는 사람들까지도 흡수할 수 있도록 파이를 키워볼 수는 없느냐는 거지."

"그런 생각을 안 해본 건 아니지만……."

"겨울에도 캠핑 많이 하니?"

"하죠. 겨울에 모닥불 피우고 고구마 구워 먹는 게 얼마나 낭만적인데요."

"여름 대비 수요가 얼마나 되지?"

"그건……."

"캠핑장을 운영하는 업체 몇 군데만 물어봐도 대략 수

치가 나오겠네. 스노보드숍이 비시즌기에는 스케이트보드로 매출을 유지하듯 너희들도 매출을 유지하기 위한 뭔가가 있으면 좋겠다는 생각이 들어."

"겨울에는 '눈사람 괴상하게 만들기 대회' 같은 거 하면 어떨까요? 그런 건 안 되겠죠?"

"쉬울수록 경쟁이 치열하고, 경쟁이 치열하면 마진을 줄여야 한다는 뜻이야. 결국 가격 싸움이 되면 오래가지 못하고, 좋은 사업 모델이 아니야. 너희들이 캠핑을 좋아한다면 캠핑을 하면서 불편했다거나 불만이었던 부분을 해결해주는 쪽으로 접근해보면 어떨까 싶어."

두 청년은 '왜 이렇게 성급했을까'라는 표정으로 서로를 바라본다.

"아버지, 재고들은 어떻게 처리해야 할까요?"

"그건 알아서 해야지. 나는 너희들을 응원하지만 망해도 괜찮다고 본단다."

"아버지! 무슨 말씀이 그래요. 망한다니요. 저희가 아르바이트 해서 모은 돈을 거의 다 썼단 말이에요오."

광현의 입이 다시 들어가지 않을 것처럼 튀어나왔다.

"넘어지지 않으면 일어서는 것이 뭔지 몰라. 사람들은 돈을 버는 방법만 고민을 하지, 어떻게 하면 돈을 못 버는

지에 대해서는 고민하지 않아."

"그럼요. 누가 그런 고민을 하겠어요?"

"실패하는 길, 망하는 길을 경험해봐야 성공하는 길을 알 수 있지. 이 세상에 성공 가도만 달린 사람은 없어. 만일 이번 시도가 실패한다고 하더라도 절대 너희들이 부족해서가 아니야. 그저 성공을 향해 가는 과정 중 일부일 뿐이야. 절대로, 절대로 한 번에 정상까지 올라가는 경우는 없어. 나도 그랬고."

"아저씨도요? 아저씨는 늘 여유로워 보이세요."

"만일 사업에서 받은 스트레스를 가족들에게 표현했더라면 광현이는 지금처럼 창업할 생각은 전혀 못 했을걸? 하하하, 그만큼 우여곡절이 많았다는 뜻이야. 아무튼 나는 너희들에게 이렇게 해봐라, 저렇게 해봐라 하고 가르쳐줄 수 없어. 왜냐하면 나도 그게 정답인지 아닌지 모르거든. 대신에 너희들이 스스로 깨달을 수 있도록 도와줄 뿐이란다."

광현과 영현의 표정은 그리 좋지 않다. 그런 두 청년을 보는 광수는 뿌듯하다.

"남들은 투자도 받아가면서 잘만 하던데, 저희는……."

영현은 작은 목소리로 혼잣말을 한다.

"너희들이 생각하는 투자는 뭐니?"

"스타트업에 돈 넣었다가, 가치가 오르면 회수하는 거요. 또 부동산, 주식, 펀드……."

"그 말도 맞지. 그럼 투자를 하는 사람들은 어떤 사람들일까?"

"돈 많은 사람들이겠죠."

"그 사람들은 어떻게 돈을 벌었는지 생각해보렴. 누군가에게 투자를 받는다고 생각하지 말고, 내가 투자자가 되겠다고 생각해야 해."

"저희는 돈이 한 푼도 남지 않았어요. 캠핑 장비에 전부 투자해버렸죠."

"진짜 투자는 말이야, 나에게 시간을 투자하는 게 진짜 투자야. 너희들이 방금 말한 주식, 부동산 같은 것은 오를 수도 있고 내릴 수도 있어. 그리고 잘못 투자했다가는 큰돈을 잃을 수도 있지. 하지만 나한테 하는 투자는 절대 잃지 않아."

"나한테 하는 투자요?"

"응. 나에게 시간을 투자하는 거야. 운동하는 시간, 공부하는 시간, 생각하는 시간. 나를 한 발짝 더 앞으로 나아가게 만들어주는 투자. 너무 뜬구름 잡는 것 같니?"

"그건 아닌데요. 저희는 내일 당장 어떤 물건을 얼마에 사서 얼마에 파는 그런 구체적인 방법을 알고 싶어요. 요즘 어디를 가나 자신을 좋아하라, 자신을 믿어라, 자신을 알아라, 이런 말들은 좀 궤변 같을 때도 있거든요. 마치 내 안의 소크라테스를 어디에선가 찾아야 할 것 같은 느낌이 들어요."

"이해해. 나도 너희들 나이 때는 앞만 보고 달리느라 뒤는 물론이고 옆도 돌아볼 겨를이 없었단다. 사실 너희들은 아직 아무것도 한 게 없기 때문에 그런 고민을 안 하는 걸 수도 있어. 그럼에도 나를 위해 투자한다는 것은 매우 중요하지."

"아저씨는 저희 나이 때 아저씨 자신을 위해서 무슨 투자를 하셨어요?"

"건설 현장에서 일어나는 모든 일들을 배우려고 했어. 굴삭기 운전, 철거, 용접, 절삭, 인테리어 같은 기술을 배워서 언젠가, 어디서든 써먹을 수 있도록 말이야. 사장님이 나에게 그런 업무를 주셔서 해야만 했던 것이 계기였지만, 버티지 못하고 나간 사람들도 많은데 나는 끝까지 했다는 것에 스스로를 자랑스럽게 여기고 있단다. 그 인고의 시간이 지금의 나를 만들어준 거지."

영현은 모범생답게 계속 질문을 던진다.

"그러면 저희는 어떤 투자를 해야 하죠?"

"그 전에 현재 너희들의 모습부터 파악하는 게 좋아. 지금의 모습은 어릴 때부터 자의든, 타의든 너희들이 투자한 시간과 노력의 결과니까."

"학교 다니라고 해서 다니고, 시험 보라고 해서 보고, 대학 가라고 해서 가고. 그게 전부인데요?"

"그래. 지금까지는 시키는 대로 끌려다닐 수밖에 없었다는 생각이 들 거야. 하지만 초등학교 때든, 중학교 때든 너희들이 선택할 수 있는 기회와 시간은 얼마든지 있었어."

"말도 안 돼요. 학교에서 하라는 것 외에는 할 생각조차 못 했는데요. 교실에서 연필만 붙잡고 있었는데 어떤 다른 생각을 할 수 있었겠어요?"

"그래서 너희들은 공부라는 곳에 투자를 했기 때문에, 이 자리에 있는 거겠지. '잘했다, 잘 못했다'라는 의미도 아니고, '좋다, 나쁘다'라는 의미도 아니야. 지금 너희들은 꼭 연필을 쥐고 있지 않아도 되고, 학교라는 곳에서 갇혀 있지도 않잖아. 그러니 지금부터 하는 모든 선택과 책임은 너희들 손에 달렸다는 말이란다. 그리고 방금 너희들은 자신에 대해 조금 생각해보는 시간을 가진 거야. 눈치 챘니?"

"네. 하지만 과거는 과거이고 앞으로 무엇을 어떻게 하면서 살아갈지가 너무 막막해요. 시키는 대로 아무 생각 없이 살아왔다는 게 어쩌면 더 속 편한 게 아닌가 그런 생각까지 들어요."

"기억 나니? 수능시험이 끝나고 빨리 대학교 가서 술도 마시고, 연애도 하고, 돈도 벌어봐야겠다고 설렜던 마음?"

"그땐 그랬죠."

"사람은 너무 많은 구속을 줘도, 너무 많은 자유를 줘도 불편함을 느끼기 마련이야. 지금 너희들은 자유로운 환경 안에 있기 때문에 방향을 못 잡는 거고. 그래서 자신을 알아야 그 자유를 마음대로 컨트롤 할 수 있는 거란다."

"우리가 살고 있는 곳은 자본주의 사회이고, 경쟁에서 살아남지 못하면 낙오자가 돼요. 이런 곳에서의 자유는 진정한 자유가 아닌 것 같아요. 빠르게 흐르는 물속에 떨어진 작은 물고기가 된 기분이에요."

"부자가 되는 것은 서울대를 가는 것보다 쉬워. 덧붙이면 아저씨는 지방대 출신이야."

"아버지, 그건 자랑이 아니잖아요."

"그렇지만 우리 회사에는 서울대 출신의 직원들이 근무하고 있지."

"네? 정말요? 부자가 되는 게 서울대 가는 것보다 더 쉽다고요?"

"서울대는 정원이 정해져 있어. 그 정해진 인원수를 두고 한국의 영재들이 경쟁을 해. 하지만 부자가 되는 것에는 경쟁이 없어."

"부자가 되는 것에는 경쟁이 없다……. 그렇네요. 정원이 정해져 있지 않으니까요."

"부자들이 가난한 사람들의 돈을 빼앗아서 부자가 되었다고 많이들 생각하지만, 사실 전혀 상관없어. 돈의 양 또한 정해져 있지 않기 때문이지."

"그럼 가난한 사람도 얼마든지 부자가 될 수 있다는 뜻이겠네요."

"물론이지. 그러니 너희들이 살고 있는 이 자본주의는 서로 간의 경쟁이 아니라 지금 누리고 있는 이 자유를 마음대로 풀어갈 수 있는 기회를 주고 있는 거란다. 우리 모두에게 한계란 존재하지 않아. 아무것도 한 게 없는 사람들이 한계를 정하려 하지."

"조금은 두렵긴 하지만…… 희망을 가져볼게요."

"그래. 희망에는 두려움이 공존하지만, 두려움에는 희망이 들어갈 자리가 없단다."

"머리로는 이해가 가는데 아직은 어딘가에 파묻혀 있는 것 같아요."

"잘 들어라. 그렇게 느껴질 수 있지만, 너희들은 파묻혀 있다기보다는 자라기 위해 심어져 있는 거란다."

광수는 희망 가득한 표정을 지어본다.

영현은 아직 모르는 게 있는 것 같다.

"아저씨가 생각하는 '부자'는 뭐예요?"

"'자신의 삶에 만족하며 행복하게 사는 사람' 같은 에세이나 시집에 나올 법한 말은 진짜 부자가 되기를 포기한 사람들에게나 해당하는 말이란다. 돈을 갈구하는 사람들은 욕심과 욕망의 덩어리라고 표현하는 사람들도 있지."

"부자는 나쁜 사람이라는 편견도 있죠."

"세뱃돈을 받은 다섯 살짜리 꼬마들조차 천 원보다 만 원 받는 것을 더 기뻐해. 그렇다면 그 꼬마들도 욕심과 욕망의 창조물일까? 아니야. 더 많은 부를 원하는 것은 식욕과 수면욕 같은 기본적인 욕구야. 그러므로 성인이 되어 돈을 더 벌려고 하는 건 자신의 능력을 증명하고자 하는 건강한 욕구이고, 가치가 있는 일이야."

"그럼 욕심 있는 사람들은 누구죠?"

"공짜를 좋아하는 사람들, 누군가의 주머니를 훔치려는 사람들, 아무것도 하지 않고 그저 바라기만 하는 사람들이 욕심쟁이들이지. 오늘 핀 꽃은 어제 뿌린 씨앗에서 나오고, 내일 필 꽃은 오늘 뿌린 씨앗에서 나와. 아무 씨앗도 뿌리지 않으면서 꽃이 피기를 기다리는 사람들은 강형욱 선생님을 만나야 해."

"그분은 개 훈련사 아닌가요?"

"개들도 자신들이 사료를 먹어야 똥이 나온다는 것쯤은

알고 있거든."

"그, 그렇죠."

"누군가가 필요했던 것을 공급함으로써 소비자는 원하는 물건을 얻을 수 있고, 생산자는 돈을 벌 수 있어. 돈을 더 번다는 것은 이런 거야. 서로 '윈윈'의 상태가 되는 것. 그 결과 이 사회가 더 편리해지고 조금씩 발전하는 거야. 정상적인 방법으로 부자가 되는 것은 도덕적, 법적으로 아무런 문제가 없단다."

"그렇다면 부자는…… 돈이 많은 사람인 거죠?"

"그렇지. 마음의 부자가 진짜 부자라고 하지만 돈이 없으면 마음의 부자도 될 수 없어."

"얼마나 있어야 부자인가요?"

"우선 남들이 인정하는 만큼의 자산은 가지고 있어야 하고, 쓰고 싶은 만큼 쓰더라도 버는 돈이 더 많은 상태를 의미하지."

"그럼…… 아저씨는 부자인가요?"

"너희들이 봤을 때는 내가 부자처럼 보이니?"

"네. 좋은 집에 살고 계시고, 수십억 원짜리 공사를 1년에도 몇 건씩 하고 계시니까요."

광수는 잠시 숨을 고르더니, 영현과 광현을 번갈아 쳐다보며 말한다.

"나는 부자가 되면 엄청나게 기쁠 거라고 생각했어. 정작 많은 부를 이루고 나니, 그렇게 기쁘지는 않았단다. 내가 원래 부자였던 것처럼 아무렇지 않았어. 참 이상하지. 혹시 내가 더 많은 돈을 원하고 있는 것인지 생각해봤지만 그건 아니었어."

"왜 기쁘지 않으셨던 거죠?"

"남들이 나를 부자라고 하고 스스로 자산이 많아졌다고 인식했을 그 시점의 나에게는 별다른 변화가 없는 때였거든. 행동, 말투, 태도, 습관, 소비, 소득 다 비슷했어. 오히려 뭔가 해보려는 과정 속에서 더 큰 변화와 희열을 느낄 수 있었어. 이 세상은 너무 결과 지향적이다 보니 과정은 무시하는 경향이 있지. 하지만 우리가 부자가 되는 과정은 러닝과 비슷해. '계획한 거리와 시간만큼 러닝을 했다'라는 결과적 사실이 중요한 게 아니라, 러닝을 하면서 상쾌한 공기에 가쁜 호흡을 맞추며 체력을 끌어올리는 그 자체가 더 중요한 거란다."

더 이상 질문이 없다. 영현과 광현 모두 말없이 조용하다.

광수는 두 청년을 따뜻하게 바라보며 말한다.

"너희들은 100억이라는 돈을 목표로 삼지 말고, '100억을 벌 수 있는 사람'이 되는 것을 목표로 삼도록 하렴."

그리고 나서 광수는 두 청년의 위아래를 살펴본다.

"꾀죄죄한 겉모습은 다가오던 운도 도망가게 한단다. 다음 주에는 깔끔한 모습으로 보자. 흥미로운 게 기다리고 있거든."

———

일주일 뒤, 광현과 영현은 강남역에 있는 자라 매장으로 간다. 옷을 살펴보던 두 사람은 어딘지 모르게 때깔이 안 나는 것 같다는 생각에 매장을 나선다.

강남 신세계 백화점에 간다. 둘러보다가 솔리드 옴므에 간다. 니트 한 벌에 50만 원이다. 코트 한 벌에 150만 원이다. 고민 끝에 그나마 저렴한 30만 원짜리 셔츠를 산다. 코트에 비해서는 싸게 느껴진다.

쇼핑백을 들고 광수의 사무실로 간다.

"아버지께서 겉모습이 중요하다고 하셔서 고급진 티가 차르르르 흐르는 셔츠 샀어요. 흰색으로요."

"저는 하늘색이요."

광수는 한숨을 푹 내쉰다.

"비싼 옷을 걸치고 다니라는 게 아니라 깔끔하게 하고 다니라는 뜻이지. 비듬이 떨어져서 어깨 주변에 하얀 가루들이 있다거나, 면도를 안 해서 수염이 지저분하다거나, 머

리가 덥수룩해서 답답함을 준다거나, 중요한 미팅 자리에
갈 때 상황에 안 맞게 반짝거리는 은갈치 정장을 입는다거
나 하면 아무리 비싼 옷을 입어도 소용없어."

"아버지, 그래도 이렇게 좀 번쩍번쩍한 옷을 입어줘야 사
람들이 무시도 못하고, 그리고 여자친구도 생기고…… 으
흠, 콜록콜록……."

"명품으로 휘감아도 품위 없어 보이는 사람들이 있잖아.
그 사람들 특징이 뭔지 아니?"

"불룩 나온 배, 팔다리 가득한 문신, 험악한 인상, 삐딱
한 자세……."

"건물의 얼굴은 외장재에서 판가름 나기 마련인데 고객
들 중에는 비싼 자재가 무조건 좋다고 믿는 경우가 있어.
또는 화려한 외관이 건물의 가치를 올려줄 거라고 생각하
는 사람들도 있는데 사실 가장 좋은 외관 디자인은 단아
하면서 깔끔한 디자인이야."

"그냥 깔끔한 디자인은 스프 없는 라면 아닌가요? 요즘
은 자기만의 개성을 표출하는 시대잖아요."

"너무 과하게 차려입은 여성은 결코 우아하지 않다고
가브리엘 샤넬이 말했지. 비슷해. 진정한 개성은 화려한 외
관이 아닌 내부 인테리어에서 나온다고 생각해."

"네? 인테리어요?"

"그래. 내면에서 나온다는 뜻이야. 아무리 예쁘고 잘생긴 사람이라도 노래를 못 하면 가수가 될 수 없고, 연기를 못하면 배우가 될 수 없듯이 진정한 개성은 내면에서 비롯된다고 할 수 있어. 우리가 건물에 들어가기 전에 외관을 보는 시간은 길어야 15초지만 그 건물 안에서 일을 하고, 회의를 하고, 먹고, 마시고 하는 시간은 최소 1시간, 길게는 10시간이 넘어. 몇 년 전에 공장을 짓는데 건축주가 화장실을 최소화해달라고 강력하게 요구해서 그렇게 만들었지. 그 회사는 3년을 못 가서 문을 닫았어. 인원은 많은데 화장실이 부족하다 보니 불만이 쌓이고, 사장은 화장실이 부족하다는 것을 인지했으나 자신의 선택이 틀리지 않았다고 주장하다 보니 결국 줄줄이 퇴사를 하게 된 거야. 화장실 하나만으로도 회사가 망할 수도 있다는 게 놀랍지 않니?"

"화장실이 중요하긴 하죠. 급한데 줄 서 있는 것처럼 고통스러운 시간도 없으니까요. 그건 제가 아주 잘 안답니다."

"우리가 집이나 사무실 청소는 매일 하지만 외관 청소는 1년에 한 번 정도 하는 것도 어디가 더 중요한지 말해주지."

"네. 알겠어요. '익스테리어'보다는 '인테리어'요. 그런데 지난주에 흥미로운 게 있다고 하셨는데 그게 뭐예요?"

광수는 매년 박람회에 간다. 장소가 어디든 어느 나라에서 열리든 궁금한 곳이 있으면 가본다. 올해는 독일 하노버에서 열리는 국제건축자재박람회로 정했다. 같은 기간에 다른 홀에서는 세계캠핑용품박람회가 있다. 두 청년을 데리고 가야겠다는 결정은 순식간에 이루어졌다. 광수는 결정할 때 질질 끌지 않는다.

"너희들 독일 갈래? 캠핑용품박람회."

"그럼요!"

"비행기표는 내가 끊어줄 테니 여권 준비해둬."

"네! 고맙습니다!"

"그리고 명함 하나 만들어봐. 앞쪽에는 영어 이름, 연락처, 회사 이름 들어가게 하고, 뒷면에는 너희들 사진 나오게 해서. 웃고 있는 사진으로. 그리고 옷은 오늘 얘기해준 대로 깔끔한 걸로 챙기고."

영현과 광현은 셔츠를 환불한 뒤 명함을 만들러 간다.

독일 가는 날

광수는 인천공항의 루프트한자 체크인 카운터 앞에서 서 있다. 잠시 후, 후드 티에 선글라스를 쓴 두 청년이 나타난다. 신이 나서 뛰어오는 둘을 보고 광수는 피식 웃으며 혼잣말을 한다. '그래, 지금 즐겨둬.'

"자, 나는 비즈니스 클래스, 너희들은 이코노미 클래스."

"이코노미라도 정말 감사합니다. 아저씨. 너무 설레요."

"비즈니스와 이코노미의 차이가 무엇인지 봐두렴."

체크인을 마치고 세 사람은 출국장으로 향한다.

"프랑크푸르트로 가는 루프트한자 LH0159 항공편 탑승 시작합니다."

안내원이 마이크를 들고 또박또박 말한다.

"나 먼저 간다."

광수는 줄을 안 서고 바로 들어간다. 광현과 영현은 긴

줄 뒤에 선다. 마냥 즐겁기만 하다. 영현은 예전 롯데월드
에서 광수 아저씨와 광현을 처음 만났을 때가 생각이 난
다. 두 사람이 긴 줄을 지나쳐 놀이기구를 타러 들어가던
뒷모습. 광수 아저씨의 당당한 뒷모습이 그때나 지금이나
똑같다.

복도 쪽 좌석을 선택한 광현과 영현의 옆자리에는 몸집
이 큰 독일 남자들이 앉는다. 비좁은 좌석이 더 비좁아졌
다. 복도로 밀려날 것만 같다.

시간은 흘러간다. 13시간의 숨막히는 비행이 끝났다. 허
리를 한쪽으로 틀고 있다 보니 목과 척추에 담이 온 것 같
다. 다리를 펴지 못해 무릎까지 욱신거린다.

거의 한 시간 만에 입국 수속을 마치고, 캐리어를 찾고
나간다. 광수는 여유롭게 에스프레소를 마시고 있다. 너덜
너덜해진 두 청년과는 달리 광수는 숙면을 취한 듯이 얼
굴이 훤하다.

"아버지 언제 나오셨어요?"

"음…… 한 시간 정도 됐나?"

"그렇게 빨리요? 비즈니스 클래스는 짐도 빨리 나와요?"

"그럼. 만일 너희들을 안 기다렸으면 난 이미 하노버에
도착했을지도 모르지. 하하."

"저희는 구석에 찌부러져서 왔더니…… 아, 허리야. 나

178

중에는 꼭 비즈니스 타야겠어요."

"허허. 어떻게?"

"돈 벌어서요."

"어떻게?"

"······."

"비행기야말로 자본주의의 끝판이야. 이코노미 클래스에서는 시간이 빨리 지나가기를 바라며, 졸리지도 않은데 억지로 자려고 해. 하지만 비즈니스 클래스에서는 이렇게 편하게 오랫동안 누워서 영화 보고 먹고 자는 시간이 얼마만인가, 하는 기분을 느낄 수 있지. 슬프게도 사람들의 덩치는 점점 커지는데 항공사는 수익률 개선을 위해 이코노미 클래스의 좌석 공간을 더 좁게 만들어. 심지어 시트의 두께도 더 얇게 해서 한 좌석이라도 더 넣으려고 하는 반면에 비즈니스와 퍼스트 클래스는 어떻게 하면 더 편하고 고급스럽게 구성할지 연구하고 있단다."

"맞아요. 예전에 탔을 때보다 더 좁아진 느낌이에요. 제가 키가 자라서 그렇게 느낄 수도 있지만요. 결국 돈이네요."

"돈이 인생의 전부는 아니지만, 돈이 있으면 인생이 한결 수월해지는 것은 사실이지."

에스프레소를 한 모금 마신 광수가 말을 잇는다.

"롯데월드 기억나니?"

"네. 안 그래도 비행기 탈 때 아저씨가 먼저 들어가시는 거 보고 옛날 생각했어요."

"롯데월드에서는 시간만 살 수 있지만, 비행기에서는 시간과 공간을 살 수 있지."

"탈 때 기다리지 않아도 되고, 나갈 때 짐도 빨리 나오고, 넓어서 누워서 갈 수 있고요. 옆 사람 덩치가 작든 크든 상관없죠."

"거기다 코스 요리도 나오고. 하늘에서 먹는 코스 요리와 라면은 꽤나 매력적이란다."

"돈이 참…… 좋네요."

"돈으로는 시간과 공간뿐만 아니라 더 많은 것을 살 수 있단다. 그건 천천히 얘기해줄게. 그나저나 독일 커피는 독일 사람들처럼 무뚝뚝한 맛이 나는구나."

———

독일에서의 첫날이다. 아침이 밝아온다. 시차 적응을 못한 광현과 영현은 밤을 새다시피 한다. 광수는 조식을 먹으며 광현과 영현에게 빈 캐리어를 가지고 나오도록 한다.

박람회장에 도착한다. 많은 인파에 정신이 없다. 여러 가지 언어들이 동시에 들린다. 가끔씩 한국어도 들린다.

순간 두 청년은 굉장한 곳에 뚝 떨어져버린 듯한 흥분되는 감정에 휩싸인다.

"여기 있는 사람들은 모두 자신과 자신들이 속한 회사, 자신들이 운영하는 회사에 투자를 하러 온 거야. 투자는 돈으로 꼭 무엇을 사는 것만이 아니란다. 시야를 넓히고, 감각을 키우고, 내 위치를 점검하는 것 또한 매우 중요한 투자지."

"맞아요. 여기 있는 사람들, 다들 표정이 밝아 보여요."

광수는 광현과 영현에게 관람객용 명찰을 목에 걸어준다.

"참가한 모든 업체들과 명함을 주고받도록 해. 그리고 팸플릿이나 샘플을 받게 되면 캐리어에 담고, 사진은 최대한 많이 찍어둬. 아시아 시장에 관심이 많은 업체, 판매에 적극적인 업체, 너희들이 봐온 것과 차별점이 있는 업체는 더 신경 쓰고, 담당자랑 얘기도 많이 하고. 오케이? 나는 건축 박람회 간다. 5시에 여기에서 다시 만나자."

광현과 영현은 두 시간이면 끝날 줄 알았다. 업체 리스트가 나와 있는 안내서를 살펴본다.

이럴 수가. 대략 300개의 브랜드 이름이 나열되어 있다. 마음이 급해진다.

오픈 하자마자 제일 눈에 띄는 부스로 간다. 새로운 캠핑 장비들이 즐비하다. 안 되는 영어지만 제품을 보면서 설명을 들으니 무슨 말을 하는지 감이 온다.

점심도 먹지 않고 50개 업체를 돌아본다. 벌써 오후 5시다. 캐리어는 카탈로그로 가득 차서 무겁다. 팔다리가 쑤시고, 긴장이 풀려서인지 정신이 혼미해진다.

다시 만난 세 사람은 호텔 근처 식당에서 저녁을 먹는다. 으깬 감자에 구운 소시지다. 아주 짜고 아주 맛없다. 맥주를 쭉 들이켠다. 탄산이 식도를 따라 위장까지 빠르게 타고 내려간다. 소주 두 병도 끄떡없는 두 청년은 맥주 한 모금에 머리가 핑 돈다.

"아버지, 원래 이렇게 출장이 빡세요?"

"비행기표 값, 호텔비, 식비, 그리고 우리 시간을 투자하는 건데 당연히 꽉꽉 채워서 보고 듣고 느끼고 가야지. 해외 출장이 멋있는 건 줄 알았니?"

"저는 외국인하고 악수하고, 와인 마시고, 남은 시간에 호텔에서 수영도 하고…… 그러는 줄 알았어요."

"드라마에서나 가능한 얘기지. 둘러보니까 좀 어때?"

"다른 세상이에요. 완전히요. 생각지도 못한 혁신적인 제품들이 진짜 많았어요. 있었으면 좋겠다 싶었던 것들이 다 있더라고요."

"그래, 바로 그거야. '이런 게 있었으면 좋겠다'라는 그런 니즈(needs). 그 니즈를 현실화시키는 게 바로 혁신이지. 혁신이란 게 세상에 존재하지 않던, 완전히 새로운 것을 만들어내는 것이라고 생각하지만, 원래 있던 것들을 합치거나 약간 변형시키거나 확장시키는 것만으로도 충분한 혁신이 될 수 있어. 사업 아이디어에 도움이 되었으면 좋겠네."

"네. 한국에 없는 물건들을 가져다가 팔면 될 것 같아요. 호의적인 담당자들도 있었어요."

광수는 고개를 가로로 젓는다.

"좀 더 생각해보면 좋겠다. 그저 물건만 떼다 파는 오퍼상으로 남을 것인지, 더 높이 올라갈 수 있는 가치를 가진, 천장이 없는 기업의 오너로 남을 것인지에 대해서."

모두 방으로 들어가자마자 잠들었다. 눈을 감자마자 뜨니 아침이다. 시차 적응이 바로 끝났다.

마지막 날에는 축구 경기라도 볼 수 있을 줄 알았다. 최소한 근처 관광지라도 둘러볼 수 있을 줄 알았다. 그러나 박람회장과 호텔, 이 두 장소 외에는 아무 데도 가지 못했다. 정확히 말하면 갈 에너지가 남아 있지 않았다.

광현과 영현은 박람회 마지막 날 폐장 시간인 오후 4시 55분까지 300개 업체 중 270개 업체를 만났다. 어느새 한국으로 돌아가는 상공에 있다.

혹시나 거구들이 옆에 앉을까 봐 둘은 나란히 앉는다.

광현은 멍하니 기내 모니터를 바라보며 말한다.

"영현아, 신기한 제품들을 많이 보긴 봤는데 우리가 뭘 할 수 있을까?"

"나도 모르겠어. 그런데 너희 아버지가 말씀해주신 게 자꾸 생각나."

"어떤 거?"

"천장이 없는 회사. 그리고 기업의 오너."

"아, 아버지는 맨날 트럼프랑 김정은이 사이좋게 쌍쌍바 반으로 정확히 갈라서 나눠 먹는 것보다 불가능하고 어려운 얘기만 하셔. 천장이 없는 회사니 기업의 오너니 이건 또 무슨 말씀이시지?"

"난 무슨 말인지 알 것 같아."

"무슨 뜻인데?"

"아빠가 임원이 되시던 날, 우리 가족은 축하파티를 했어. 엄마는 너무 기뻐서 눈물까지 흘리셨고. 그런데 정확히 1년 뒤 아빠의 임원 계약은 종료되었고 그 뒤로 출근을 안 하셨어. 계약이 종료된 날, 아빠는 나를 꼭 안아주셨어. 무슨 의미인지는 모르겠지만……. 엄마는 너무 슬퍼서 눈물을 흘리셨지. 1년 만에 너무 다른 종류의 눈물을 흘리신 거야. 이상했어. 그 전까지 '임원'이라고 하면 하늘에 떠 있는 별인 줄 알았거든. 승진하신 아빠를 보면서 나도 커서 꼭 임원이 되어야지 했는데, 결국 임원도 천장 아래 있는 전구일 뿐이야. 언젠가 꺼지는…….”

“아무리 그래도 전구는 좀 너무했다. 음…… 길쭉한 형광등? 아니면…… 블링블링 샹들리에? 아, 미, 미안. 너희 아버지 일인데…….”

“그런데 너희 아버지가 기업의 오너가 되라고 하신 말씀이 뭔가 자극이 된다. 우리도 할 수 있을 것 같다는 믿음이 생겨.”

“아파트 1층도 못 지었는데 벌써 펜트하우스 생각하는 거냐?”

“왜 못 해? 일단 밑그림은 그려봐야지. 한국 도착하면 박람회 때 만났던 업체들 싹 정리하고 이메일도 보내보고 뭔가 할 수 있는 그림을 그려보자.”

“그래. 못 할 게 뭐야? 어릴 때 빨주노초파남보 물감으로 문질문질 했었던 커다란 캔버스 하나 펼쳐놓고 뭐라도 그려보는 거지. 키스 해링처럼. 좌하하하.”

“우리보다 훨씬 나이 많은 외국인들이 애송이처럼 보이는 우리들한테 그렇게 열정적으로 제품 시연하면서 설명하는 모습을 보니까, 저렇게 열심히 하는 것도 실력 중 일부구나, 나는 저런 열정과 노력이 있었나 싶은 마음도 들더라.”

"우리도 이제 시작이지. 한숨 자자."

광현과 영현은 눈을 감는다. 5초 후 기내 불이 켜진다. 저 앞쪽에서 승무원이 밥을 실은 카트를 밀고 있다. 자려고 하면 꼭 밥 먹을 시간이다.

쿵.

인천공항에 착륙한다. 바퀴가 활주로에 닿는 느낌에 마음이 설렌다. 잘할 수 있을 것 같은 진동이다.

영현은 집에 도착하자마자 샤워를 한다. 광현은 집에 도착하자마자 이메일을 확인한다.

수신 : 광현, 영현

내용 : 안녕하세요. 저는 하노버 박람회에서 인사드린 캄페르노 대표 에밀리아입니다. 저는 한국 시장에 관심이 많으며 당사 제품의 유통 건에 대한 사업을 제안드립니다. 비록 유명 브랜드는 아니지만 제품을 보셨다시피 디자인, 가격, 품질, 기능성 모두 갖춘 제품이라고 자부합니다. 두 대표님이 상의해보시고 회신 부탁드립니다.

"뭐야! 말도 안 돼. 먼저 연락이 왔어. 영현아!"

"뭐라고? 잘 안 들려. 샤워 끝나고 얘기해."

"연락이 왔다고! 업체에서!"

영현은 샴푸질을 하다가 물로 씻어내지도 못하고 뛰어나와 노트북 앞으로 달려간다.

"와, 대박! 우리 이제 뭔가 되는 거야?"

"와하하하!"

"잠깐, 나 좀 마저 씻고 나올게."

10분 뒤 둘은 좋지 않은 표정으로 노트북 화면을 바라본다. 둘은 한숨을 푹 내쉰다. 몇달 전 직구해서 사온 제품이 그대로 있다. 아무리 캄페르노에서 좋은 가격에 공급 받아도 아무도 안 사주면 끝이다.

광현은 광수에게 전화를 건다.

"아버지, 한 업체에서 저희한테 물건을 공급해줄 수 있다고 하는데요. 어떻게 생각하세요?"

"한국 총판권을 달라고 해."

"저희가 어떻게 팔지가 문제예요. 지난번처럼 물건만 쌓아두고 못 팔면 어떡해요?"

"제조사와 어떻게 마케팅을 할 것인지 회의도 하고, 샘플 제품도 보내달라고 하고. 그쪽도 그 정도 투자는 할 거야. 날로 먹으려 하는 업체는 제외시켜. 그리고 전국적으로 캠핑용품 판매를 잘하는 업체들을 찾아봐. 그리고 늘 말했지만 오퍼상으로 남으면 안 된다. 그건 1층짜리 아파트에 불과해."

대화 내용을 듣고 있던 영현이 곰곰이 생각한다.

"판매를 잘하는 사람들이라면……."

"이미 매장을 가지고 있는 사람들에게 판매를 하라는 말씀이신가?"

"그런 것 같아. 비투비(Business to Business)를 말씀하시는 거네."

광현은 총판권과 마케팅 지원에 관한 회신을 보낸다. 답장을 기다리는 동안 명함 269개를 책상 위에 올려놓고 하나씩 이메일을 보낸다.

다음 날 캄페르노에서 메일이 도착한다.

수신 : 광현

참조 : 영현

내용 : 안녕하세요. 제안은 내부적으로 검토하였습니다. 총판권은 우선 1년만 계약했으면 합니다. 1년간 거래를 하고 재계약에 대한 여부를 판단하겠습니다. 이 조건을 승인하신다면 계약서와 샘플 제품을 보내드리도록 하겠습니다.

일주일 동안 120개 업체에서 답장이 왔다. 114개 업체에서는 같이 할 수 없어 미안하다는 뉘앙스가 담긴 정중한 거절의 답장이었다. 이미 한국 지사가 있는 업체도 있고, 한국 시장은 관심 없다는 업체도 있었다. 나머지 6개 업체에서는 거래를 원한다고 했다. 같은 방식으로 마케팅 지원과 총판권을 달라고 요청했다.

두 청년은 7개 업체의 카탈로그와 찍어둔 사진을 확인해가면서 어떤 회사였는지 기억을 되짚는다. 공통점이 있다. 7개 업체 모두 작지만 내공이 있어 보였고, 무언가 해보려고 꿈틀거리는 듯한 느낌을 받았던 회사들이다. 그 꿈틀거림은 영현과 광현의 꿈틀거림과도 비슷해 보였다.

7개 회사로부터 제한적이지만 총판권을 받을 수 있게 되었다. '7'이라는 숫자가 행운을 불러올 것만 같았다. 샘플이 오는 기간 동안 우리나라에서 가장 큰 캠핑 오프라인 판매점, 온라인 카페와 유튜버들을 정리한다.

차례대로 샘플이 도착하고, 전국을 돌며 7개 회사의 제품에 대한 소개를 한다. 말한 지 1분 만에 거절하는 곳도 있고, 듣는 척 마는 척 하는 곳도 있고, 호기심 있게 듣다가 마지막에 차갑게 거절하는 곳도 있다. 그냥 전시만 해달라고 부탁을 해도 놓을 자리가 없다고 거절하는 곳도 있다.

네이버 카페에도 광고처럼 보이지 않도록 우리가 놀러 가서 쓰고 있는 척하는 사진들을 올린다. 조회 수가 대부분 10 이하였지만 계속 올린다. 그러다 보니 댓글이 하나씩 달리기 시작한다. 어디 제품인지, 직접 볼 수 있는 곳은 어디인지 물어보는 댓글이다.

아직 매장을 뚫지 못해서 댓글을 달 수가 없다. 댓글의 수는 점점 더 많아지기 시작한다. 그 댓글이 달린 화면을 캡처하여 프린트를 한 후, 포트폴리오처럼 만들어 판매점들을 돈다. 갔던 곳을 또 가기도 한다. 결국 두 군데에서 샘플을 전시할 수 있는 자리를 마련해주겠다고 한다.

제품을 예쁘게 전시한다. 카페에 달린 댓글에도 어디서 판다고 대댓글을 모두 달아준다. 하루에 한 번씩 판매장에 방문을 하지만 아무도 사는 사람은 없다. 카운터를 보니 알바생이 핸드폰을 보며 킥킥거리고 있다. 말을 걸어도 대충 대답한다. 영혼이 없다.

그날부터 광현과 영현은 각 매장에 가서 샘플 제품들을 전시해둔 곳 앞에 대기한다. 그리고 지나가는 손님이 있으면 바로 설명해주기 시작한다.

그렇게 한두 달이 지나면서 물건이 조금씩 팔리기 시작하지만, 손에 남는 것은 최저시급보다 못하다.

판매량을 끌어올리고 싶다. 아직 뚫지 못한 곳은 온라

인이다. 카페에서만 간간히 사진을 올릴 뿐 광고 루트를 찾을 수가 없다.

캄페르노의 에밀리아 대표에게 메일을 보낸다.

> 수신 : 에밀리아
> 내용 : 안녕하세요. 한국에서 가장 큰 캠핑 박람회가 있습니다. 여기에 직접 와주실 수 있는지 문의드립니다. 제조사에서 직접 와서 설명해주시면 고객들에게 신뢰를 줄 수 있을 것 같습니다. 검토 부탁드립니다.

다음 날 답장이 온다.

> 수신 : 광현, 영현
> 내용 : 알겠습니다. 날짜에 맞춰 저희 직원인 레나 씨를 보내겠습니다.
> 추신 : 모든 한국 사람의 이름 끝에는 '현' 자가 들어가나요?

온라인 카페에 박람회에 대한 정보를 흘리고, 캠핑 유튜버들에게 연락을 취한다. 하지만 유튜버들은 전혀 관심이 없다. 이렇게 홍보를 해달라는 업체가 수두룩할 것 같다. 그들은 조회 수가 생명이기에 우리처럼 두루뭉술한 사람들에는 관심이 없을 것 같다.

　광현과 영현은 인천공항 출국장에서 '캄페르노'라고 적힌 종이를 들고 기다린다. 광현은 인중과 콧구멍에 검지손가락을 밀착시켜 왔다 갔다 비벼댄다. 긴장했을 때 나오는 광현의 오래된 습관이다

　"은근히 떨린다, 영현아."

　15분 후, 빨간 머리에 배가 훤히 보이는 크롭티에 가죽재킷, 어디서부터 어디까지인지 감이 안 잡히는 문신, 하얀 볼에는 주근깨가 가득한 말괄량이 스타일의 여자가 이쪽으로 손을 흔든다. 클럽에서 볼 법한 비주얼이다.

　뒤에 있는 사람한테 흔드는 것인 줄 알고 관심을 끄려는 순간 바로 앞으로 다가온다.

　"캄페르노. 꽝횬, 영횬?"

　광현과 영현은 서로를 마주본다.

　"레나?"

　"예스."

　두 사람은 어안이 벙벙한 채 아무 말도 못 하고 레나를 호텔로 안내한다. 체크인까지 마치고 호텔 밖으로 나온 두 사람은 한숨을 쉰다.

　"영현아, 우리 망했다. 어떻게 준비한 건데."

"한번 보자. 에밀리아 대표가 아무 생각 없이 보내진 않았겠지."

———

박람회 첫날이다. 독일에서의 박람회가 기억난다. 방문자였던 자신들이 참가자의 자리에 있다는 게 믿기지 않는다. 레나는 신나 있다. 텐션이 남다르다.

대형 업체들은 '규모의 경제'로 가장 좋은 자리에 넓게 세팅해두고 이벤트까지 준비한다. 이제 시작하는 광현과 영현의 회사는 한쪽 구석에 자리 잡는다. 약간 초라해 보이는 것 같다. 그래도 나름대로 구색은 갖추려고 노력한 모양새이다.

레나는 부스를 지키지 않고 다른 부스를 돌아다닌다. 관람객들은 유명 브랜드에만 관심이 있고 캄페르노처럼 알려지지 않은 브랜드는 그냥 지나쳐간다. 말 그대로 파리만 날린다.

그렇게 부스 앞에서 왔다 갔다, 앉았다 일어났다를 반복한다. 두 시간이 지난다. 레나가 익숙한 얼굴의 사람들을 데리고 왔다. 광현과 영현이 연락했던 유튜버다. 레나의 독특한 외모와 매력 넘치는 에너지에 이끌려 온 것 같다.

그녀는 캄페르노 제품의 사용법을 영어로 소개한다. 우리가 모르고 있던 기능까지 섬세하게 다루며 시연한다. 윈윈 같다. 특이한 외국인이 캠핑 장비를 소개하는 영상이라면 조회 수가 많이 오를 것이다. 그만큼 우리 제품 홍보가 될 기회가 많아질 것이다.

광현과 영현은 멀뚱멀뚱 서 있기만 했던 자신들의 모습과 지극히 대조되는 레나의 모습에 자극을 받는다. 너무 정석으로, 선비처럼 홍보했다는 것을 깨닫는다. 시장은 손을 내미는 사람, 유쾌한 사람, 같이 하면 기분 좋아지는 사람, 에너지를 주는 사람과 함께한다는 것을 레나를 보며 깨닫는다.

유튜버의 촬영이 끝난다. 레나에게 점심을 먹자고 제안하니 잠깐 기다리라고 한다. 20분쯤 후에 또 다른 사람을 데리고 와서 캠핑 의자에 앉힌다. 기자다. 레나는 두 사람에게 먹을거리를 사오라고 한다. 밥은 여기서 먹자고 한다.

광현이 밥을 사러 간 사이 레나는 인터뷰를 한다. 그렇게 하루 만에 레나는 세 명의 유튜버와 한 명의 기자를 우리 부스로 데리고 오는 데에 성공한다.

첫날이 끝나고 헤어지는 길에 레나는 빨간 머리를 휘날리며 기운차게 외친다.

"Let's go crazier tomorrow!"

다음 날, 레나의 텐션과 컨셉에 맞추기 위해 선글라스에 노란색 뽀글이 가발을 쓰고 간다. 노란 브로콜리 같다. 레나는 우리를 보더니 폴짝 뛰면서 좋아한다.

"정말 귀엽다!"

우리 부스에는 점점 더 많은 사람이 몰려들었고, 구독자 10만 명 이상의 유튜버들도 많이 다녀갔다.

그렇게 박람회가 끝난다. 레나가 독일로 가기 전날 밤이다.

"레나, 한국에서 요즘 유행하는 맥주야."

레나는 한 잔 마셔보더니 인상을 살짝 찌푸린다.

"너무 밍밍해. 어제도 편의점에서 한국 맥주 마셔봤는데 다들 물 탄 것 같아."

"그렇지? 맥주의 나라인 독일 맥주에 비하면……"

영현은 레나의 맥주컵에 소주를 탄다.

"이거 한번 마셔봐, 레나."

레나는 한 입 마셔보더니 벌컥벌컥 마신다. 잔을 바닥에 탁 내려놓는다.

"완전 좋아!"

빨갛고 기괴하게 생긴 안주가 나온다.

레나가 미간을 찡그리며 물어본다.

"이거 뭐야?"

광현은 음흉한 말투로 권한다.

"먹어봐."

레나는 포크로 푹 집고, 입에 넣고, 오물오물 씹는다.

오도도독, 똑, 도도도똑.

"음, 굿! 처음 씹어보는 식감인데?"

"그렇겠지. 닭발이야."

"뭐? 닭발? 젠장! 음…… 그런데…… 맛있어. 왜지, 왜? 맛있어!"

가장 한국적인 게 가장 세계적인 것이다.

레나는 쉬지 않고 먹고 마신다.

많은 말을 쏟아내다가 의미심장한 말을 한다.

"결국은 사람이야. 제품은 거기서 거기야. 아무리 좋은 제품이 나와도 따라하는 건 금방이기 때문이지. 꽝흔! 영흔! 한국에서 캄페르노의 사장은 바로 너희들이야. 너희들이 오너라고! 한국 사람들에게 필요한 제품이 있으면 언제든지 얘기해! 그게 독일 사람들이 필요한 걸 수도 있어! 잘난 사람 혼자보다 여럿이 나아. 덜 잘난 여러 사람이 합친다면 그 힘으로 무쇠를 잘라버릴 수도 있고, 자르는 게 안 된다면 천천히 녹여버릴 수도 있어! 오케이? 그렇게 시너지를 만들어가는 거라고!"

"오케이! 레나!"

"그리고 꽝혼하고 영혼, 항상 이 가발 쓰고 다녀. 표정들이 너무 심심해. 너희들은 이제 옐로 브로콜리. 꺄하하."

취한 것 같다. 닭발을 우적우적 씹다가 소맥을 원샷한다.

"미래에서 볼 수 있는 물건들은! 오늘날의 말도 안 되는 미친 상상 속에 존재하는 물건들이지! 너희들은 그 미친 상상 해본 적 있기나 해?"

턱!

테이블 위에 엎드려 잠들었다.

레나도 한국의 소맥은 이길 수 없었다.

하긴, 하루 종일 그렇게 박람회장을 헤집고 다녔으니 그럴 만도 하다.

레나의 팔꿈치부터 손목까지 'die Flügel der Fantasie'라는 글자가 또렷하게 보인다.

구글 번역기를 돌려본다.

'상상의 날개'.

나중에 알게 됐지만 레나는 에밀리아 대표의 딸이었다. 광현과 영현은 레나의 아이디어에 따라 회사명을 바꿨다.

옐로 브로콜리

박람회 때 예상치 못하게 SNS 마케팅이 성공적으로 이뤄져서 주문이 크게 늘어난다. 우리를 거절했던 판매점에서도 연락이 와서 흔쾌히 공급 계약을 맺는다.

광현과 영현은 7개 브랜드 중에 빠르게 성장하고 있는 캄페르노에 집중하기로 한다. 사용자들끼리 후기를 남기고 추천하는 선순환에 의해 별도의 마케팅을 하지 않아도 된다. 그렇게 1년 동안 캄페르노의 유통과 판매에 집중한다.

———

광현과 영현은 광수에게 전화를 한다.

"아버지! 식사는 하셨습니까? 1층은 영현이랑 차곡차곡 튼튼하게 지었습니다."

"생각보다 빨리 지었구나."

"네? 빨리라니요? 거의 1년 반 동안 잠도 제대로 못 잤어요."

"1년 반이면 빠른 거야. 하지만 이런 성장세가 최소 5년은 가야 안정기에 접어들었다고 할 수 있어. 하지만 내가 보기에는 안정적으로 조금씩 성장할 것 같네."

"정말요? 아버지가 그런 말씀을 하시다니 참말로 기분 좋네요. 흐흐흐흐. 이제 2층을 올려볼까 해요."

"그 전에 너희들이 해야 할 일은 순수익의 10퍼센트를 기부하는 거야."

"네? 이제야 좀 숨통이 트이는데 기부를요? 아버지, 너무하세요. 그리고 기부한 돈이 어디다 쓰이는지도 모르고, 중간에서 호로록 꿀꺽하고 사라지는 사기꾼들도 많대요."

"그래서 내가 1년 반 동안 클린 재단을 선별하는 플랫폼을 만들었어. 10년 넘게 기부해오면서 내 돈이 어떻게 쓰이는지 나뿐만 아니라 다른 기부자들도 알고 싶어서, 재무재표와 활동 내역을 모두 공개할 수 있는 투명한 재단들을 선별하여 플랫폼에 등록했지. 그 후에 기부자들이 본인들이 원하는 재단을 골라 기부할 수 있게 만든 시스템이야. 벌써 10억이 넘는 기부 활동이 이뤄졌어."

"아니, 아날로그밖에 모르시던 아버지가 어떻게 디지털 플랫폼을…… 와…… 우리 아버지 진짜 최고시다. 못하는 게 없으시네. 그럼 그 플랫폼에 기, 기부를 하라는 말씀이시죠?"

"그건 너희 마음인데, 혹시나 돈의 행방이 걱정돼서 못하는 거라면 이 플랫폼에 등록된 믿을 수 있는 재단에 기부를 하라는 거지."

"이제야 좀 먹고살 만하지만…… 아버지 뜻에 따라 넓디넓은 마음으로 시원하게…… 기부하겠습니다……."

"2층을 짓고 3층, 4층 그리고 꼭대기 층까지 지으려면 돈의 의미를 깨달아야 해. 그 과정에서 인생의 목표와 의미를 진정으로 알게 되지. 그건 그렇고, 1층은 하드웨어 사업이니, 2층은 소프트웨어 사업을 해보는 건 어떨까 생각한다."

광현과 영현은 광수의 조언대로 옐로 브로콜리의 순수익 10퍼센트를 기부하기로 한다.

2층은 어떻게 올릴지 고민한다. 작년부터 계속해온 고민이다. 반복되는 회의 끝에 아이디어를 떠올린다. 캠핑을 주제로 한 영상을 옐로 브로콜리 홈페이지에 업로드를 하면 한 달에 한 번씩 투표를 해서 상금을 주는 것이다. 영상 콘텐츠는 유튜브가 꽉 잡고 있지만 전문 유튜버가 아닌 이상 수익을 일으키기는 어렵기 때문에 반응이 있을 것 같다. 포스터를 인쇄해서 거래처들의 매장에 붙이고, 온라인 카페에도 홍보를 한다.

상금은 1등 100만 원, 2등 50만 원, 3등 10만 원이다. 업로드시 영상에 나오는 제품들의 브랜드와 품명을 적어야 한다는 전제 조건을 붙인다.

첫 달은 영상이 7개가 올라왔다. 실제로 1등부터 3등까지에게 상금을 지급했다는 내용을 홍보한다. 다음 달은 20개가 올라왔다. 적자지만 가능성이 있다. 캄페르노의 판매 수익으로 운영 비용을 충당한다.

6개월이 지나자 100개가 넘는 영상들이 올라온다. 대기업 브랜드에서 광고 요청이 들어오기 시작한다. 영상에 소개된 제품을 구매할 수 있는 링크를 클릭해서 구매로 이어지면 일정 수수료를 받을 수 있도록 한다. 영상을 올릴 때 계좌 정보까지 등록할 수 있도록 하여 상금을 송금하는 것까지 자동으로 할 수 있게 한다.

이때부터 캄페르노에서 벌어들인 자금의 도움 없이 유지가 가능해진다. 사이트 방문객이 늘어나자 유명 유튜버들과 브랜드사가 협업하여 고품질 영상을 업로드하기도 한다. 본질이 흐려질까 걱정도 있지만, 대중들은 그런 영상보다는 개인이 만든 소소한 영상과 B급 정서가 깃들여진 영상을 더 좋아하고 표를 던진다.

이제 한 달에 한 번씩 판매점에서 들어온 주문을 정리해 독일 본사에 주문한다. 그리고 홈페이지 서버 관리와 공정한 투표 관리, 입출금 체크를 한다. 이렇게 하는 것만으로도 옐로 브로콜리는 충분히 유지된다.

그렇게 사업은 순조롭게 흘러간다. 2층을 다 올린 것 같다. 그러는 사이 부동산 가격이 폭등 중이라는 뉴스가 쏟아진다.

"저 봐, 저 봐, 저 봐. 지금 이 순간에도 점점 거지가 되어

가고 있어. 안 돼. 인정 못 해. 돈을 벌고 있는데 거지가 되다니. 영현아, 이 사태를 어찌해야 할지 너의 총명한 머리를 굴려줘!"

"나 초등학교 때 아빠가 주식으로 폭망하고 나서 지금까지도 주식 절대 하지 말라고 하신다. 그래서 나는 돈 모으면 집부터 사려고. 너희 아버지랑 식사 한번 할까? 이번에는 우리가 대접해드리자."

———

세 남자는 식사를 마치고 스타벅스로 간다.

"기특하구나."

"뭐가요?"

"벌써 자산에 대한 생각을 하다니."

"아저씨는 이미 충분한 자산을 갖고 계시지 않나요?"

"지금이야 그렇지. 하지만 너희 나이 때 나는 사업에 매달려 있느라 자산에 대해 생각해본 적이 없어. 너희들이 태어나고 나서야 자산의 힘을 알게 됐지."

"안 그래도 집값 오르는 게 저희가 버는 것보다 더 빠른 것 같아서 불안했어요. 이러다가 내 집 마련도 못 하면 어쩌지 싶더라고요."

"자산은 사놓으면 자동으로 오를 것 같지만 항상 그렇지는 않아. 그래서 좋은 자산과 나쁜 자산을 구분할 줄 알아야 해. 공부를 반드시 해야 한단다."

"그럼요. 공부할 준비는 됐죠."

"부자가 되기 위해서는 자는 동안에도 돈을 벌어야 한다는 건 이제 알고 있겠지?"

"네, 그럼요."

"자산이 바로 그 역할을 한단다. 자산은 24시간 내내 움직이고 있어. 영현이 너는 살고 싶은 곳이 있니?"

"저는…… 이상하게 래미안 더퍼스트센트럴리버프레스티지파크포레팰리스 아파트가 끌리더라고요."

"가본 적은 있니?"

"차 타고 가면서 본 적은 있는데 들어가본 적은 없어요."

"근처에 있는 편의점에 가서 컵라면이라도 먹어봐. 한번쯤은 가보고 어떤 사람들이 사는지, 분위기는 어떤지 보고 와도 좋아. 생각보다 별 게 아니라는 걸 알 수 있어."

"가볼 생각은 못 했네요."

셋은 아메리카노를 쭉 마신다. 광수는 테이블 위를 손가락으로 톡톡 치더니 광현과 영현에게 질문을 던진다.

"너희는 스타벅스가 뭐라고 생각하니?"

"여기요? 커피 파는 곳이요."

"텀블러도 팔고 굿즈도 팔고 바나나도 팔지요."

광수는 온화하게 미소 짓는다.

"그래. 그게 일반적인 사람들의 시선이지. 하지만 자산가들은 그렇게 보지 않아."

"어떻게 보는데요?"

"건물에 입점시켜서 안정적으로 임대료를 내는 임차인이자, 내 건물의 가치를 상승시켜주는 괜찮은 도구라고 생각해."

"역시…… 다르군요."

"사업을 하면서 부자들을 많이 만나봤겠지만, 자산 시장에는 정말 다양한 종류의 부자들이 많아."

"저희는 아저씨 정도 되는 부자만 곁에 있어도 충분한 걸요. 저희가 여기까지 오게 된 것도 아저씨가 아니었다면 불가능했을 테니까요."

"아저씨는 그렇게 대단한 사람이 아니야. 그리고 나와는 비교할 수 없을 만큼 대단한 사람들이 많단다."

"그런 사람들은 어디에 가야 만날 수 있죠?"

"서점."

"네? 서점이요?"

"그래. 서점에 가면 위대한 사람들을 만날 수 있어. 너희들은 지금까지 어떻게 사업을 키우는지에 대해서만 경험

했지, 진짜 부자나 경제적 자유에 대한 고찰은 해본 적이 없을 것 같구나."

"너무 어려운 개념인데요."

"자산을 얻고자 하는 이유가 뭐니?"

"이대로 시간이 지나면 영원히 집을 못 살까 봐요."

"하하, 꼭 그렇지는 않아. 장기적으로는 화폐 가치가 하락하면 가격이 우상향 하겠지만, 단기적으로는 오르기도 하고 떨어지기도 하지."

"네, 장기적으로 봤을 때 너무 오를 것 같아서 지금이라도 사두려고 해요."

"하지만 이것도 생각해봐야 해. 너희들이 하고 있는 사업에 재투자를 하거나 신사업을 성공시켜서 자산의 상승률보다 더 높은 수익을 거둔다면 사업에 투자하는 게 더 이득일 수 있지. 아무 생각 없이 매수한 집이 한 채 있다고 해서 부자가 되지는 않아. 돈과 자산에 대한 이해와 본인만의 철학이 합쳐졌을 때 진정한 자산가가 될 수 있단다."

"음…… 그렇군요. 그럼 저희는 먼저 서점에 가봐야 할까요?"

"그렇지. 좋은 책에 나온 부자공식을 따라하기만 하면 누구나 부자가 될 수 있어."

"그런데 왜 다들 부자가 되지 못하는 거죠?"

"내비게이션 말은 상사의 명령보다 더 잘 따르면서 책에 있는 성공한 사람들의 조언은 따르지 않기 때문이란다."

"책이라…… 혹시 추천해주실 만한 책이 있나요?"

"음…… 《서울 자가에 대기업 다니는 김 부장 이야기》 라고 일단 그것부터 읽어봐. 처음부터 너무 딱딱한 책보다는 이렇게 소설처럼 쓴 책으로 시작해야 받아들이기 쉬울 거야."

두 청년은 책상 앞에 앉아 계획을 세워본다.

채권 1시간
주식 1시간
부동산 1시간
영어 1시간
운동 1시간

하루 일과는 오후 3시면 대부분 끝난다. 그 후로 도서관, 헬스장을 들락날락 하며 하루에 5시간씩 공부를 한다. 그렇게 몇 달이 지난다.

"광현아, 이제 좀 알겠어?"

"아니…… 빌 게이츠가 버스카드 충전하는 것 같은 이 혼란스러움은 뭐지? 그냥 다 뒤죽박죽이야."

"어렵다, 어려워. 사업보다 더 어려운 것 같아. 사업은 잘 되고 있는지 아닌지가 한눈에 들어오는데 이건 너무 큰 물결 같아서 뭐가 뭔지 감이 안 잡혀."

오랜만에 바람도 쐴 겸 광화문에 나간다. 교보문고에 들러서 신간도 살펴보고 책도 구입한다. 서점에서 나와 청계천을 한 바퀴 돌고, 광장으로 간다. 6시쯤 되자 목에 사원증을 맨 직장인들이 우르르 쏟아져 나오기 시작한다.

"광현아."

"응?"

"너도 같은 생각이냐?"

"어."

광현과 영현은 휴학해놓고 기간 내에 복학하지 않아 제적당했다. 고졸이다. 대기업 입사는 불가능하다. 친구들은 우리가 부럽다고 하지만 우리는 그들이 부럽다. 사내 식당 대신 기사 식당에서 끼니를 때운다. 탕비실 대신 편의점에서 커피를 마신다. 여럿이서 하는 회식 대신 우리 둘이 야식을 먹는다. 혼자였으면 외로웠을 것 같지만 그래도 우리는 파트너가 있다. 아버지들은 혼자서 어떻게 버텨오신 걸까?

"광현아, 용팔이가 이 근처 회사 다니지 않아?"

"맞다. 연락 한번 해보자."

폭죽놀이 주의보

광현과 영현은 고등학교 친구 용팔이를 만나기로 한다. 용팔이는 고1 때 창원에서 전학을 와서 경상도 사투리가 아주 구수하다.

　한 남자가 머리를 쫙 넘기고 흰색 셔츠에 빨간 뱀 한 마리가 그려져 있는 구찌 서류 가방을 들고 있다. 반짝거리는 에나멜 구두가 빛에 반사되어 번쩍거린다. 딱 봐도 용팔이다. 예전의 기생오라비 같은 그 모습, 그 표정 그대로다.

　"어이! 용팔아! 여기!"

　"와하하하하! 얼마 만이고, 진짜. 잘 살았나? 니들 대학교 자퇴했다는 얘기까지 들었다."

　"어. 때려치웠지, 장사하느라."

　"진짜가? 무슨 장사하는데?"

　"그냥 뭐, 캠핑용품 팔아."

"그거 할라고 때려치웠나? 얼굴들이 어째 폭삭 삭았네. 여기가 내 홈그라운드니까 오늘은 내가 산다. 마이 무라."

"멋있어졌다. 용팔이."

"멋있기는 무슨…… 내 좀 멋있나?"

"어, 멋있어. 하하하!"

과일 안주와 맥주 500cc 세 잔이 나온다. 무거운 맥주 잔을 부딪치고 꿀꺽꿀꺽 마신다. 영현이 물어본다.

"회사 생활은 좀 어때?"

"우리 회사? 좋긴 한데…… 워크와 라이프의 밸런스가 안 맞다. 일을 많이 시켜서 좀 짱 난다. 확 그냥 옮겨버릴까 싶다. 나더러 오라는 데도 많은데."

"좋겠다. 오라는 데도 많고."

"내가 원래 인기가 좀 많다 아이가. 니들 여자친구들은 있나?"

"여자친구는 무슨…… 밥도 제대로 못 먹어가면서 일만 했다."

"아이고, 이거 큰일 날 사람들이네. 이러다가 니들 좋은 날 다 지나간다. 캠핑인가 그거 해서 돈 좀 벌었나?"

"뭐, 그냥 그렇지. 고정비 나가고 세금 내면 별거 없지. 대기업은 월급 많이 주지?"

"하하, 한번 보여줄까?"

용팔이는 주머니에서 차 키를 꺼내고 테이블 위에 탁 하고 올려놓는다. 동그라미 4개가 겹쳐 있다.

"동기들이 전부 BMW 3시리즈 뽑아갖고 내가 기 좀 팍 죽여줄라고 A6 확 뽑았다."

광현은 차 키를 잡고 이리저리 둘러보며 말한다.

"와, 이게 독일차 키구나."

"니들도 사업하면 좀 까리한 차 타야 되는 거 아이가?"

"우리는 레이. 레이가 경차로 분류돼서 비용도 적게 들고 짐도 많이 실을 수 있고. 용품들 신고 다닐 일이 많아."

"그래. 장사 잘되면 확 바꿔라. 나이 먹고 타면 무슨 소용이고. 젊을 때 타야지."

셋은 두 번째 잔을 부딪힌다. 아까보다는 덜 무겁다. 투자에 관심 많은 광현이 물어본다.

"요즘 회사원들은 어디에 투자하냐?"

"투자? 파하하하! 내가 또 투자 좀 한다. 모르는 거 있으면 나한테 물어봐라."

"우리가 모은 돈으로 자산을 좀 사볼까 하는데, 자산에도 종류가 많잖아."

"이거 니들한테만 말하는 기다. 잘 들어라."

"뭔데?"

"느그들이 호텔을 살 수 있다면 어떨 거 같노?"

"호텔을 사? 모텔이 아니고?"

"그래, 호텔. 호텔 전부를 사는 건 아이고 객실 한 칸을 사는 기다. 그래서 거기에서 나오는 수익을 호텔 운영하는 회사랑 나랑 나눠가지는 기야."

"그런 게 있어?"

"요즘 강릉보다 속초가 핫하다 아이가. 지금 속초에 호텔들이 몇 개 지어지고 있는데 동해 바다 바로 앞에 올라가고 있는 게 있어. 세븐트리 호텔이라고. 거기 하나 확 사버렸다. 하하하. 기깔나재? 어디 가서 소문 내고 다니지 마라. 이거 니들한테만 특별히 알려주는 기다."

광현은 무슨 이유에서인지 코를 비비며 말한다.

"일종의 부동산인 거네?"

"이거는 부동산이기도 하면서 배당금 받는 주식이기도 하다. 객실을 산 거니까 부동산이고, 회사가 얼마나 운영을 잘하느냐에 따라 내가 받는 배당금이 달라지니까 주식이기도 한 기고. 지들도 먹고살아야 하는데 죽기 살기로 운영하지 않겠나?"

세 번째 잔을 부딪친다. 거의 다 마셔서 가볍다.

"요즘 집값 비싸서 살 수나 있나? 그리고 복비에, 취득세, 나중에 양도세까지 내고 나면 내 손에는 남는 거 한푼도 없고 정부만 배불려준다 아이가. 그런데 니들 여기 무슨 일이고? 놀러 왔나?"

"어. 바람도 좀 쐬고, 교보문고도 들를 겸."

"무슨 서점이고. 촌스럽게. 유튜브에 다 나오는데."

"……그렇긴 하지."

"자자, 한잔 더 하자."

오랜만에 만난 고등학교 친구 셋은 적당히 취기가 오를 때까지 마시고 헤어진다.

"니들 어디 사노?"

"저쪽에……."

"니들 혹시 갑갑한 원룸 같은 데 사는 거 아이재?"

광현과 영현은 대답하지 않는다.

"나는 강남역에 있는 복층 오피스텔 사니까 언제든 놀러 온나. 냉장고에 와인하고 맥주 가득 채워놨다."

"그래. 오늘 반가웠다. 조심히 가."

용팔이와 헤어지고 집으로 돌아온 광현과 영현은 다음 날 아침 늦게까지 잔다. 오랜만에 마신 술에 숙취가 심하다. 머리도 '띵' 하다. 밖에서 할아버지들이 소리를 지르며 싸우는 소리에 깬다. 대화하는 건지도 모르겠지만, 늘 있는 일이라 놀랍지도 않다.

"영현아, 일어났어?"

"어."

"저 할아버지들 국회 가면 참 일 잘하시겠어. 분명히 전생에 금붕어였을 거야. 소리 내서 말하고 싶은데 뻐끔뻐끔 공기방울만 만들어내던 게 한이 맺혀서 지금 저렇게 풀고 계신 거라고."

영현은 눈을 비비며 창밖을 바라본다.

"근데 저 할아버지들은 멀쩡한 티셔츠 놔두고 왜 축 늘어진 메리야스만 입고 있는 거야?"

"턱시도 입고 있을 수는 없잖아."

"듣고 보니 그렇네. 알고 보면 너도 꽤 논리적이야."

"그나저나 우리 이사 갈까?"

"어디로?"

"용팔이네 옆집."

"너희 아버지가 결혼하기 전까지는 이사 가지 말라고 하셨잖아."

"우리 나이가 몇 갠데. 확 질러버리자."

———

광수의 친구이자 영철의 친구 딸이 결혼을 하는 날이다. 신부인 딸과는 광현과 영현도 어릴 때 몇 번 만났다고 하는데, 전혀 기억나지 않는다. 그래도 축하해주는 날이니

216

광현과 영현도 함께 간다.

예식장에 도착한다. 바흐의 〈G선상의 아리아〉가 흘러나온다. 신부가 길게 늘어진 하얀 드레스를 입고 입장한다. 옆에는 신부 아버지가 있다. 신랑이 마음에 안 드는지 표정이 좋지 않다. 아니, 긴장을 많이 해서 배가 아픈 것 같기도 하다.

단상 앞에서는 신랑이 기다리고 있다. 신부 아버지와 악수를 하고 가볍게 포옹을 한다. 남자끼리 포옹하는 모습은 항상 보는 사람마저 어색한 것 같다. 신부와 신랑은 서로 반지를 주고받는다.

광현은 작은 목소리로 옆에 앉은 광수에게 속삭인다.

"아버지, 저런 예쁜 며느리 보고 싶으시죠? 저는 아주 좁은 원룸에 살면서 경차 타고 다녀서 그런지 연애할 기회조차……."

"광현아, 나는 신경 쓰지 마. 네 인생에 결혼이라는 게 꼭 필요하면 그때 해도 된다."

영철은 작은 목소리로 옆에 앉은 영현에게 속삭인다.

"너 여자친구는 있냐?"

영현은 고개를 가로젓는다.

예식이 끝나고 연회장으로 간다. 뷔페다. 안내원이 안쪽부터 앉으라고 한다. 다행히 창가 쪽에 4인 테이블이 딱 비어 있다. 영철은 오랜만에 만난 친구들과 같이 앉는다. 광수, 영현, 광현 셋이 같이 자리를 잡는다.

영현과 광현은 생선과 밥을 대충 붙여 만든 초밥과 LA갈비를 가득 담는다. 입안에는 생선과 고기가 뒤섞여 알 수 없는 맛으로 가득 차 있지만 머릿속은 어제 만났던 용팔이 생각뿐이다.

광현이 한 입 꿀꺽 삼키더니, 광수에게 어제의 이야기를 한다.

"아버지, 어제 만난 고등학교 친구는 강남역에 있는 오피스텔에 살면서 외제차를 끌고 다녀요. 저희는 외제차까지는 아니더라도 오전부터 취객들이 떠드는 빌라촌에서는 좀 벗어나고 싶어요."

"부자가 되는 과정에서 가장 위험한 것 중 하나가 바로 비교야. 그 친구가 만일 습기 가득한 반지하에 산다면 너희들은 만족감을 느낄 것 같니?"

"다행히도 주변에 그런 친구들은 없어요."

"많은 사람들이 비교를 함으로써 불행해지지. 남과 비교하는 것은 해와 달을 비교하는 것과 마찬가지야."

"무슨 뜻이죠?"

"해와 달은 빛을 내는 시간이 다르단다."

블라인드 사이로 햇살이 겹겹이 비춰 들어온다. 광현이

말한다.

"그렇죠. 다르죠. 저희와는 다르게 대기업 다니는 것도 부럽고요. 멋지게 꾸미고 다니는 것도 부러워요. 비교해서 좋을 게 없다는 건 아는데……."

"그 친구는 전공이 뭐지?"

"경영학과로 알고 있어요."

"경영 '당하고' 있구나."

"네?"

"남 밑에서 경영 당하면서 폭죽놀이를 하고 있는 거야."

"폭죽놀이요?"

"폭죽은 화려하지만, 그 화려한 시간이 영원하지는 않아. 순간 반짝이고 사그라들고 말지. 너희들은 햇빛, 달빛, 별빛처럼 누구나 언제나 어디서든 바라볼 수 있는 그런 존재가 되렴. 폭설이 아무리 내려도 뜨거운 태양은 항상 그 자리에 자리하고 있음을 잊지 않았으면 한다."

"네, 그건 그런데요. 저희 집 밖에는 해가 뜨나 달이 뜨나 분노인지 열정인지 모를 뭔가가 넘치는 할아버지들이 상주하고 계시죠. 그분들은 직사광선을 다이렉트로 맞으셔도 365일 끄떡없으시거든요."

"이사 가고 안 가고는 너희들이 정할 문제야. 하지만 오 피스텔로 옮기게 되면 생각보다 많은 비용이 지출될 거야.

이사비, 복비, 관리비 같은 사사로운 비용들이 시간이 지나면서 큰돈이 되지. 항상 사업이나 투자에서 손실을 봤을 때 약간의 돈이 부족해서 조급한 선택을 하는 경우가 있어. 나도 그랬고."

"저희 사업은 그래도 지금 꽤나 수월하게 운영되고 있는데요."

"계속 지속될 호황인지, 호황이 끝나가는 벼랑의 끝에서 있는지는 모르는 일이야."

"아버지가 보시기에는 이 사업이 끝물일 수도 있다는 뜻인가요?"

"그건 너희들이 가장 잘 알겠지. 그럴 수도 있다는 대비를 항상 해야 한다는 뜻이지."

"저희는 사업을 시작한 지 얼마 안 돼서 당분간은 상승할 거라고 생각해요. 리스크도 딱히 없는 것 같고요."

"100개의 회사가 생기면 5년 안에 95개의 회사가 망해. 그 통계에서 너희들도 결코 자유로울 수는 없어. 전에 말했듯이 이사 갈 생각보다는 어떻게 자산을 만들어갈지가 우선순위란다."

"저희도 나름대로 공부를 했는데요. 감이 잡히지 않아요. 뭐랄까. 투자를 한다는 건 마치 번지점프 하기 전에 안전줄이 있는 걸 아는데도 없는 것마냥 마음이 조마조마하고 다리가 후들거리는 느낌이에요."

광수가 잔치국수를 후루룩 마시더니 다시 묻는다.

"공부는 어떻게 하고 있니?"

생선과 밥이 분리된 초밥을 조심스럽게 붙이고 있던 영현이 대답한다.

"주식 1시간, 채권 1시간, 부동산 1시간, 영어 1시간, 운동 1시간 이렇게 하고 있어요."

"하하하. 투자 초반에는 달걀을 한 바구니에 담는 게 좋아."

"네? 나눠 담아야 하는 거 아닌가요?"

"그건 자산이 많은 부자들에게나 해당되는 방법이고, 너희들처럼 시작하는 단계에서는 달걀을 한 바구니에 담아서 집중해야 해. 내가 자는 시간을 제외한 모든 시간을 건축에 전부 투자했기 때문에 건축 분야에서 성공할 수 있었던 거야."

"뭐가 좋을까요? 다 좋아 보이기도 하고, 다 무섭기도 해요."

"우선 주식과 부동산을 비교해보자. 그동안 공부한 바로는 어떠니?"

"주식이 부동산보다 더 민감하게 반응하는 것 같아요."

"이유가 뭘까?"

"아무래도 주가는 기업의 가치를 뜻하는 거니까 미래 전망이라든지, 실적에 대한 평가가 시시각각 변하는 것 같아요."

"그것도 좋은 분석이야. 하지만 진짜 이유는 사고 팔기가 쉽기 때문이란다."

"네? 그게 원인이라고요?"

"생각해보자. 주식은 어제 하루 동안 기관이나 외국인이 1천억 원어치 사고, 그 다음 날 2천억 원어치 팔 수도 있지. 하지만 집은 매수자와 매도자가 만나서 거래를 해야 하고, 거래에 따른 비용과 세무적인 부분을 처리하는 시간까지 고려하면 어제 샀다가 오늘 파는 것 자체가 불가능해."

"그렇군요. 그런데 주식에 거품이 자주 생겼다 빠지는 이유는 뭘까요?"

"소액으로도 매매가 가능하기 때문이야."

"오히려 부동산 같은 고액 상품이 거품을 만드는 게 아닌가요?"

"소액으로 할 수 있다는 뜻은 아무나 쉽게 접근할 수 있다는 뜻인데, 부동산은 최소 몇천만 원이 필요하다면 주식은 몇만 원으로도 가능해. 그래서 소득이 별로 없는 학생들부터 노인들까지 누구나 들어갈 수 있지. 그 돈들이

단돈 몇만 원이지만 수백만 명의 돈이 합쳐지면 큰돈이 되어서 거품을 형성하게 되는 거야."

"아저씨 말씀은 진입 장벽이 낮아서 그렇다는 말씀이시군요."

"카페들이 우후죽순 생겼다가 망하는 것도, 식당들이 자주 바뀌는 것도 다 진입 장벽이 낮기 때문이야. 의사 면허증이 있어야 하는 병원이나, 거대 자본이 필요한 사업들이 잘 망하지 않는 이유가 바로 희소성에서 나오는 높은 진입 장벽 때문이지. 그런 면에서는 핸드폰 클릭 몇 번이면 사고팔 수 있는 주식보다는 부동산이 약간은 진입 장벽이 높다고 할 수 있겠구나."

"맞아요. 주식은 정말 주변에서 모든 사람들이 다 하고 있는 것 같아요."

광수는 젓가락으로 탕수육을 집어든다.

"주식을 사고파는 시간은 이 탕수육이 튀겨지는 시간보다 짧다고들 하잖니."

칠리새우에 붙은 꼬랑지를 떼어내던 광현은 광수를 보며 묻는다.

"요즘 아재들 사이에서 유행하는 개그인가요?"

"아…… 그건 아니고. 그만큼 빠르고 쉽다는 뜻이야. 하하하, 민망하네."

영현은 잠시 생각에 잠겨 있다가 말한다.

"아저씨도 아시다시피 저희 아빠가 주식으로 돈을 많이 잃었고, 부동산으로도 손해를 많이 봐서 아무것도 하지 말라고 하셨거든요. 하지만 아빠 말씀이 다 옳다고는 생각하지 않아요. 또 한편으로는 잃을까 봐 걱정이 되는 것도 사실이에요."

"15년 전이구나. 영철이는 남들이 모르는 곳에서 대박이 터질 것이라는 꿈에 부풀어 있었지. 오히려 남들이 다 좋아하는 우량주, 남들이 다 좋아하는 부동산을 샀다면 지금쯤이면 괜찮은 수익률을 거뒀을 거야. 자산이라는 것은 인플레이션만큼은 오르니까."

"사업으로 돈을 많이 벌면 자산이라는 게 필요 없지 않을까요?"

"롯데그룹은 롯데칠성이라는 회사에서 칠성사이다를 수백만 캔, 수백만 병을 지금까지 팔아왔어. 사이다를 팔고 남은 누적 이익은 엄청났지만 롯데가 소유하고 있는 잠실 땅값이 더 많이 올랐단다."

광현과 영현은 말도 안 된다는 듯한 표정을 짓는다.

"맥도날드의 주요 수입원은 무엇일까?"

"햄버거죠."

"아니야."

"아! 실제로는 음료가 가장 많이 남는다고 들었어요."

"그것도 아니야. 맥도날드는 부동산으로 가장 큰돈을 벌고 있어."

"네에?"

"맥도날드는 접근성과 시인성(視認性)이 좋은 곳에 위치해 있지. 어쩔 수 없이 지나가야 하는 길목에, 사방에서도 잘 보이는 입지만 매입하여 사업을 영위하고 있어. 사실 맥도날드는 요식업을 가장한 부동산 회사라고 보는 게 맞단다."

"전혀 몰랐어요."

"그래서 어떤 회사에 대한 가치를 판단할 때는 눈에 보이지 않는 잠재적인 가능성을 봐야 하고, 부동산의 가치를 판단할 때는 눈에 보이는 그대로 얼마나 좋은 입지에 있는지를 봐야 해."

"그렇다면 저희는…… 고민을 좀 해보고 무엇으로 할지 생각해볼게요."

"이건 꼭 알아둬야 한다. 자산을 너무 많이 깔고 있으면 다음 자산에 투자할 자금이 묶이게 돼. 투자의 기본은 최소한의 비용으로 최대의 이익을 거두는 거야."

영현은 순간 궁금해졌다. 광수 아저씨는 왜 비싼 집에 살면서 큰돈을 굴리지 않고 묶어두고 있는지에 대해서……. 물어보고 싶지만 물어볼 수가 없다.

광수가 자리를 정리하며 말한다.

"이제 너희들도 자산을 바라볼 때는 제3자의 눈으로 바라보면 좋겠구나."

"사업 시작할 때보다 더 떨려요."

"부자가 되고 말고는 스스로가 결정하는 거야. 모든 인간은 그것을 결정할 수 있는 존재이고 이룰 수 있는 존재란다."

광현과 영현을 묶어두고 있던 두꺼운 줄이 스르르 풀려버리는 것 같다.

내가 사면 떨어지는 마법

"15년 전에 우리 아빠가 타운하우스 산 거 알지?"

"그랬어? 몰랐는데."

"원래 학교에 걸어다녔는데 이사 가고부터는 차 타고 다녔어. 진짜 불편하더라. 그런데 더 큰 문제가 있었어."

"뭔데?"

"안 팔려."

"팔려고 내놨었어?"

"나 초등학교 땐가 중학교 땐가 팔려고 하시다가 안 팔려서 아직도 살고 계셔. 부모님은 그 집이 불편하시대."

"마당도 있고, 개인 주차장도 있고, 뒤에 산도 있고, 어르신들이 살기엔 딱 좋을 것 같은데."

"일단 언덕을 오르락내리락하기가 힘들대. 게다가 주변에 아무것도 없어서 뭐 하나 사려면 차를 타고 나가야 해서 너무 불편하다고 하셨어."

"하긴, 주변이 휑하긴 했어. 생각해보니 벌레도 많고 잔디인지 잡초인지 풀도 관리하기 힘들어 보였고. 손이 많이 가긴 하겠더라."

"분당 아파트에서 살다가 갑자기 타운하우스로 갔을 때는 그냥 이사 가나 보다 했지. 대학생이 되고 나서 우리 왜 여기로 이사 왔냐고 물어봤더니 대답을 안 하시더라고. 자꾸 딴 얘기로 말을 돌리셨어."

"어른들은 그런 로망이 있잖아. 아파트가 아닌 전원주택 같은 곳에서 조용히 살고 싶은 거. 우리 그동안 공부한 내용에 의하면……."

"조용한 동네는 시세 또한 조용하지."

광현과 영현은 투자 공부를 하면서 눈여겨봐둔 경기도의 작은 평수 아파트를 전세 끼고 하나씩 산다. 살 때만해도 부동산 가격이 상승한다는 뉴스가 나왔는데, 잔금을 다 치르고 난 다음 날부터 부동산 시장이 갑자기 싸늘해졌다는 뉴스가 나온다. 며칠 뒤부터는 거래가 급감하고, 급매들이 쏟아져 시세가 내려간다.

"영현아, 이건 꿈이야. 걱정하지 마. 깨면 끝이야. 그럴 거야. 그래야만 해. 제기랄."

"광현아, 우리 이제 어쩌냐."

"운명의 장난처럼 역시 투자의 세계란 줄 없는 번지점프였어. 줄이 없는데 있다고 착각을 한 것이었다고. 어제 꿈속에서 로또 여신이 당첨 번호를 하나씩 불러줬는데…… 뭐였더라…… 4, 13, 27…… 아, 기억 안 나. 그 번호를 다 받아적고 로또를 사러 순간이동 하는 도중에 몸이 뒤틀렸는데…… 그래, 그거였어. 내 인생이 꼬일 거라는 예지몽이었던 거야."

둘은 매일같이 시세를 확인한다. 실제로 호가가 내려갔다.

"아, 이 사람들 진짜. 왜 호가를 내리는 거야. 집값 떨어지게."

"영현아, 이미 떨어졌어. 실거래가 봐봐."

같은 평수의 로얄동, 로얄층이 이미 5천만 원 낮게 거래되고 있다.

"우리 상투 잡은 거야?"

"어, 물린 거야. 그것도 아주 제대로."

"이런 걸 물렸다고 하는구나. 주식만 물리는 게 있는 줄 알았는데, 부동산도 물리네. 어떻게 모은 돈인데. 손절 해야 하나?"

"야, 이게 무슨 주식이냐 일주일 만에 사고 팔게."

"나 왜 이렇게 불안하지. 우리 처음에 직구한 거 안 팔릴 때, 느낌이야."

"모르겠다. 잠이나 자자. 열심히 또 벌어야 하는 수밖에 더 있냐. 불 끌게."

"응."

약 2미터 정도 떨어진 침대에 각자 누워서 천장을 바라본다. 둘 다 잠이 오지 않는다.

다음 날 아침, 광현은 광수에게 연락을 했고, 속초로 오라는 답을 받았다. 광현과 영현은 레이를 끌고 속초로 향한다. 머리 위로 하나씩 지나가는 도로 표지판을 멍하니 바라본다. 고속도로를 한참 달리는데 하늘 위로 비행기가 한 대 날아간다.

"광현아, 저 비행기는 어디로 가는 걸까?"

"하와이였으면 좋겠다."

"좋겠다니?"

"하와이 가고 싶어서."

"하와이는 왜?"

"태평양 반대편 사람들은 어떻게 살고 있는지 궁금해. 아무 걱정 없이 매일 서핑하고 삼바춤 추면서 살겠지?"

"푸핫, 훌라춤이겠지. 그런데 하와이 사람들도 우리가 모르는 답답함이 있을 거야. 어디를 가려고 해도 비행기를 타야 하잖아."

"그렇겠네. 하와이에서 보는 한국은 어떨까?"

"삼면은 바다고, 한 면은 막혀 있고, 어디 가려고 해도 비행기 타고 가야 하는 나라."

"비슷하구나. 하와이나 여기나."

"자유롭고 싶다."

"자유가 뭔지 아직도 잘 모르겠어. 한국말이 어려운 건지, 뜻이 어려운 건지."

둘은 말없이 자유라는 단어를 머릿속에 되뇌어본다. 저녁 때가 되어서 속초에 들어선다. 광수가 묵는 숙소로 가서, 로비에서 기다린다. 먼지로 뒤덮인 작업복 차림의 광수와 직원들이 들어온다. 광수는 둘을 보며 미소 짓는다.

"기다려. 씻고 내려올게."

20분 뒤, 트레이닝복으로 갈아입은 광수가 로비로 내려온다.

"아저씨, 여기에서 공사 맡으신 건가요?"

"응. 시청 건물 짓고 있어."

"그럼 여기 오래 계셔야겠네요."

"일주일에 이틀 정도만 이쪽에 있고, 나머지는 사무실로 출근해."

그런데 왜 속초까지 오라고 하셨는지 궁금하다.

"고민이 너무 많을 때는 그 고민을 반복하는 것보다 잠깐 떨어져서 자연을 느껴보는 것도 도움이 될 거야."

"저희가 고민이 있는지 어떻게 아셨어요?"

"속초까지 단숨에 온 것을 보면 상의하고 싶은 게 있는 거겠지."

광현과 영현은 집을 매수했는데 집값이 떨어지고 있다는 사실을 설명한다.

듣고 있던 광수가 둘에게 묻는다.

"혹시 너희들…… 현금은 얼마나 가지고 있니?"

영현이 먼저 대답한다. "저는 거의 다 썼어요."

광현이 대답한다. "저도 홀랑 다 써버렸죠."

"불안하다고 했지? 그 이유는 현금이 없기 때문이야."

영현은 잠시 생각한다.

"종잣돈도 별로 없는데 현금까지 가지고 있으려면 투자할 돈이 너무 적어지는데요?"

"상승기든 하락기든 현금은 반드시 가지고 있어야 해."

"왜요?"

"현금이 없으면 약간의 위기에도 흔들릴 수 있거든. 미래 가치가 뛰어나더라도 언제든 흔들릴 수 있는 게 투자고 사업이야. 그 기간을 못 버티고 훌륭한 자산을 팔아버리거나, 훌륭한 사업을 접어버리거나 하는 경우가 생기는 거지. 그 시기를 견딜 수 있는 원동력은 체력이나 정신력, 특출난 능력이나 인맥이 아닌 바로 현금이란다."

광현와 영현은 오피스텔로 이사했으면 큰일 날 뻔했다는 생각이 든다. 광수가 말을 이어간다.

"현금이 없다는 뜻은 리스크라는 철창에 갇힌다는 뜻이지. 그래서 본업이라는 게 중요한 거야. 갇힌 리스크를 풀어줄 수 있는 중요한 수단이거든."

"그러면 아저씨는 어느 정도의 현금을 갖고 계세요?"

"자산의 10퍼센트 정도를 유지하려고 하고 있어."

"그렇군요. 제 주변에는 그 정도 현금을 보유하고 있는 사람은 없는 것 같아요."

"부동산에 투자하는 많은 사람들이 가지고 있는 현금을 모두 털어서 매수를 하고 있는 게 사실이야. 심지어 대출까지 받아서 이자를 내는 데에만 급급하지."

"맞아요. 영혼까지 끌어 모은다고 해서 '영끌'이라는 단어도 있어요."

"그 정도는 나도 안단다. 하하하."

영현이 조급하게 질문을 던진다.

"그런 영끌 투자는 어떻게 보세요?"

"그렇게 되면 그 부동산은 자산이 아니고 부채가 되는 거지."

"네? 그게 무슨 말씀이시죠? 부동산은 장기적으로 오르니까 자산 아닌가요?"

"대부분의 사람들이 집을 소유하고 있으면서 자산을 보유하고 있다고 착각해. 그런데 말이다. 대출 이자를 내기에 급급하고, 그 대출 이자에 대한 압박감으로 불안하기까지 하다면 재정적으로 그리고 정신적으로 좋지 못한 상태인 거야."

"그래도 시세가 올라서 좋은 가격에 팔면 자산이지 않나요?"

"바로 그거야. 그 자산을 팔아서 그동안의 이자, 세금을 다 계산하고 수익이 났다면 그제서야 자산인 거야. 그 전까지는 부채에 불과한 것이고, 시세가 오르든 내리든 그건 그저 숫자에 불과한 것이지."

"어렵네요."

"부자가 되기 위해 알아야 할 것들은 어디 숨겨져 있지도 않고, 배우기 어렵지도 않아. 단지 깊이 알려고 하지 않기 때문이야. 그래서 무리한 대출을 받은 집이라도 집 한 채 있다고 우쭐대지만, 정작 통장의 잔고는 줄어들기만 하지. 아파트 한 채 보유하고 있는 것은 그저 '중립 기어 상태'거든."

"중립 기어 상태라니요?"

"말 그대로 시장의 움직임에 따라 움직이는 것을 말하지. 땅이 앞으로 기울어져 있으면 앞으로 가고, 뒤로 기울어져 있으면 뒤로 가는 그런 상태를 뜻해."

"그럼 '전진 기어 상태'인 사람들은 자산의 수가 많은 사람들을 뜻하는 거겠군요."

"그렇지. 내가 살고 있는 집은 그저 인플레이션을 따라, 시장의 흐름을 따라 움직이는 것일 뿐이라서 자산의 형성에는 별로 도움이 되지 않는단다."

"그래도 똘똘한 한 채라는 말이 있잖아요."

"저렴한 자산들을 굴려서 똘똘한 한 채를 마련한 과정이 있었다면야 다르지. 그 똘똘한 한 채가 투자의 끝인 사람과 과정인 사람은 완전히 다르단다."

"그렇군요. 그러면 내가 살고 있는 집 외에도 다른 자산이 있거나, 그 자산을 만드는 과정 중에 있어야만 비로소 전진 기어 상태라는 거네요."

"이해했구나."

"그렇다면…… 자산이 없는 사람들은요?"

"후진 기어 상태인 거지."

"뒤로 가는 것을 뜻하는 건가요? 하지만 아저씨는 저축의 중요성을 강조하셨잖아요."

"저축도 중요하지만 결국에는 저축한 돈으로 어떤 자산

을 얼마나 보유하는지가 승패를 가르지."

조용히 듣고 있던 광현이 울컥한다.

"자산에 승패라니요. 그건 너무 잔인해요!"

"잠시 부루마블 게임이 생각나서 그렇게 표현했다. 자산이 없는 사람들은 부루마블 게임에서 계속 판을 돌기만 하면서 월급만 받는 사람들인데, 그렇게 하면 땅을 사고 빌딩과 호텔을 지은 사람을 이길 수 있을까?"

"아, 부루마블…… 어릴 때 아버지랑 많이 했었는데…… 아버지는 늘 서울과 뉴욕을 사셨고, 저는 연달아 걸려서 파산했었죠. 그래서 저는 울었고요."

"계속 지면서도 너는 마닐라에 호텔을 잔뜩 짓더구나. 저렴한 땅에 비싼 건축비를 투자하는 건 돈의 논리에 맞지 않지. 어쨌든 네 엄마는 일부러 져줬기 때문에 나는 봐주지 않았던 거야. 나는 너에게 지는 법도 가르쳐주고 싶었던 거다."

광수는 옛 생각에 가벼운 미소를 짓는다.

영현이 진지하게 다시 묻는다.

"아저씨, 그러면 하락기에는 무주택자가 더 유리한 포지션 아닌가요? 무주택자 친구들이 하락기가 오면 어떡하냐고 저희를 걱정해서요."

"사람들은 남 걱정하는 데 너무 많은 에너지를 써. 하락기의 무주택자들은 남 걱정할 게 아니라 매수 기회를 엿봐야 하지. 과거의 그때가 오고 있다는 뜻이니까. 하지만 하락기에는 사기가 쉽지 않단다."

"떨어지면 더 떨어질까 봐 못 사고, 오르면 올라서 못 사고……."

"너희들이 산 게 뭔 줄은 아니?"

"그야 아파트죠."

"아니야."

"네? 저희는 아파트 샀는데요?"

"늘 말했듯이 자산의 본질에 집중해봐. 너희는 아파트가 지어진 땅을 산 거야."

"땅이요?"

"그래. 정확히 말하자면 대지지분을 산 거지. 대지지분이 얼마인지는 아니?"

"기억에…… 13평 정도였어요."

"그럼 너희들은 13평의 땅을 산 거야."

"아파트와 땅에 차이가 있나요? 그 땅 위에 아파트가 지어졌으니 아파트로서의 가치를 산 게 아닐까요?"

광수는 고개를 가볍게 좌우로 흔든다.

"같은 부동산이라는 것은 맞지만, 건물에는 영속성이라는 게 없지."

"건물이 무너져도 땅은 변하지 않으니 영속성이 있다는 말씀이시군요."

"맞아. 그리고 아파트에는 치명적인 단점이 하나 있어."

"아파트는 가장 안전한 자산이라고 하셨잖아요."

"'안전하다'와 '수익률이 높다'는 건 다른 뜻이지."

"그건 그렇죠. 단점이 뭔데요?"

"주체성이 없는 거야. 아파트는 나 혼자만의 의지로 개발을 하거나 시세를 올리기 위한 어떤 행위를 할 수가 없어."

"내부 인테리어를 싹 하면 되지 않나요?"

"아니. 인테리어 비용은 시장에서 그다지 인정받지 못해."

"그럼 뭐가 주체성이 있는 거죠?"

"대지지분 100퍼센트를 내가 소유했을 때는 주체적으로 시세를 올리기 위한 행위를 할 수 있지. 이것은 회사지분도 마찬가지란다. 대기업 같은 주식을 내가 0.00001퍼센트 가지고 있어 봐야 그 회사를 바꿀 수 없어. 하지만 내가 100퍼센트 지분을 가진 사장이라면 회사를 마음대로 할 수 있지. 지금 너희들이 가지고 있는 옐로 브로콜리처럼 말이야."

"스스로 가치를 끌어올리는 것을 주체성이라고 말씀하신 거군요."

"맞아. 사람도 돈도 주체적 자유가 있어야 더 멀리 날아갈 수 있단다."

영현이 예약해놓은 캠핑장에서 연락이 온다.

언제 도착하실 건가요?

밖을 보니 어둑어둑해졌다.

"아저씨, 캠핑장으로 자리 옮기는 건 어떠세요?"

"낭만적인 밤이 되겠구나."

캠핑장으로 이동한다.

광현과 영현은 캄페르노 캠핑용품 풀세트를 손발 맞춰가며 전문가답게 세팅한다.

텐트의 관절과 관절을 연결한다.

작은 사이즈로 접혀 있던 테이블과 의자를 편다.

탁탁 소리가 난다.

그 사이 광수는 모닥불을 핀다.

숯과 장작을 적절히 배합한다.

고구마도 몇 개 넣는다.

불이 붙는다.

탁탁 소리가 난다.

빨간 불꽃 여러 방울이 모락모락 올라가다가 쑥스러운

듯 자취를 감춘다.

모닥불에 빙 둘러앉는다.

등은 서늘하지만 손과 얼굴은 따뜻하다.

세 사람은 노란색, 주황색, 빨간색이 섞인 불의 춤을 바라본다.

춤의 박자를 캐치해보려 하지만 지속적인 불규칙함에 이내 포기한다.

휴대용 블루투스 스피커에서는 차이코프스키의 〈호두까기 인형〉 중 〈Departure of the Guests –Night〉 연주가 세 사람 사이를 부드럽게 감싼다.

"아버지는 오늘도 고급 주방가전 광고에서나 나올 법한 음악을 들으시네요. 클래식을 좋아하시는 이유가 있나요?"

"음악을 들으려면 시간과 공간이 필요하지."

"네, 그죠."

"한 가지 더 필요한 게 있단다."

"뭔데요?"

"삶의 여유."

"여유롭지 않아도 왔다 갔다 하면서 음악을 들을 수 있는 시대라는 거 아시잖아요."

"전에 갔던 치킨캐슬 덮밥 식당 기억나니?"

"네, 그럼요. 아, 그러고 보니 거기서도 클래식이 나왔어요."

"기억력이 좋구나. 식당 사장님은 직장인들이 밥 먹는 시간만큼은 삶의 여유를 가지기를 원하셨어. 그래서 늘 클래식을 틀어놓으셨지."

영현은 스피커 볼륨을 한 단계 올린다.

첼로, 바이올린, 비올라, 콘트라베이스, 트럼펫, 튜바, 피아노, 클라리넷, 하프의 연주가 각자 분리되었다가 다시 하나가 되어 들린다.

"지금같이 빠른 광속사회에서 마음의 공간을 두기가 쉽지 않아."

"그게 클래식을 들으시는 이유예요?"

"이건 두 번째 이유야. 첫 번째 이유는 위대한 음악이라는 것 자체도 중요하지만 수백 년 동안 '클래식'이라는 것으로 남게 한 그 진솔한 정신이란다."

"진솔한 정신……."

"음악이라는 건 한 귀로 흘러들어갔다가 한 귀로 흘러나와버리는 아주 가벼운 것일 수도 있어. 하지만 클래식은 세월이 갈수록 깊어만 가지. 이건 너희들이 앞으로 일궈나아갈 부의 정신과도 맥락이 통한단다."

모닥불의 섬세한 움직임에 따라 그것을 바라보고 있는 얼굴의 명암도 미세하게 바뀐다.

스피커에서 나오는 음악이 바뀐다.

연주자들이 세 남자를 위해 브람스의 〈클라리넷 5중주 B 단조, Op. 115〉를 연주한다.

"이제 먹어보자꾸나."

모닥불 바닥에서 달궈져 있는 고구마를 꼬챙이로 꺼낸다.

은박지를 벗겨낸다.

탄 부분이 있다.

떼어낼까 말까 하다가 이만큼 먹어도 안 죽는다고 생각하며 그냥 먹는다.

샛노랗다.

뜨겁다.

맛있다.

좋은 음악과 함께라서 좋은 사람들과 함께라서 더 맛있다.

영현은 예전부터 궁금한 점이 있었다.

질문을 할까 말까 고민하다가 한다.

"예전부터 궁금한 게 있었는데요. 아저씨는 예전에 시그니엘 매수하셨잖아요. 당시에도 엄청 비싼 가격이었는데 어떤 이유로 구입하신 거예요?"

"흠, 그건 말이다……"

광수는 지난날이 떠오른다.

• • • 광수는 태어나면서부터 쭉 빌라촌에 살았다.

그때는 아파트가 별로 없었다. 빌라에 사는 게 부끄럽지 않았다. 하지만 광수는 반지하에서도 더 깊은 반지하에 살았다. 반지하가 아니라 거의 지하였다. 작디 작은 창문을 통해 내부가 보일까 봐 커튼을 항상 쳐 놓았다. 늘 어두웠다. 크리스마스 선물은 없었다. 창문이 너무 작아서 산타할아버지가 못 들어오기 때문이라고 생각했다.

지하에 사는 게 창피해서 아무도 없는 새벽에 등교했고, 어두워서 아무도 자신을 알아볼 수 없는 밤에 하교했다. 부모님은 더 일찍 출근하시고, 더 늦게 퇴근하셨기 때문에 집에 있어야 할 이유도 없었다. 비가 오는 날이면 부모님은 물이 들이칠까 걱정하셨지만, 광수는 더 좋았다. 길거리에 사람이 없었기 때문이다.

수업이 끝나면 학교에 최대한 늦게까지 있었다. 날씨가 좋을 때는 남산에 올라갔다. 높은 곳에서 내려다보는 게 좋았다. 가까이서 보면 거대하게만 보이던 것들도 멀리서 보면 작아 보이는 것이 신기했다.

겨울에는 너무 추워서 올라갈 수 없었다. 대신 부모님이 운영하시는 골동품 가게로 갔다. 집보다 따뜻했다. 가게는 1층이라서 해가 잘 들었다. 그 햇볕 아래에 있으면 추우면서도 따뜻함을 느낄 수 있었다.

하루는 환기를 시키려고 창문을 열었다. 지나가던 같은

반 아이와 눈이 마주쳤다. 싫었다. 여태까지 집안 사정을 잘 감춰온 자신의 노력이 와르르 무너지는 것 같았다. 그 아이가 제발 모른 척하고 조용히 넘어가줬으면 했다.

다음 날, 쉬는 시간이었다. 대부분의 아이들이 교실 안에 있었지만, 어쩐지 조용했다. 그때 그 녀석이 큰 소리로 말했다.

"너네 집이 땅에서 턱걸이하고 있는 줄 알았어."

가슴이 철렁했다.

"너 혹시 두더지냐? 너 혹시 맨날 땅만 파고 사는 거 아니지? 그러다가 지구 반대편 아르헨티나까지 가면 어쩌려고 그래. 파하하하하!"

반 아이들이 자신을 두더지라고 부르기 시작했다. 학교가 싫었다. 집도 싫었다. 차라리 골동품 가게가 좋았다. 이상한 물건들을 이리저리 붙였다 뗐다 하다 보면 시간이 잘 흘러갔다.

며칠 뒤, 그 아이는 미안하다며 아이스크림을 들고 골동품 가게로 찾아왔다. ● ● ●

광수의 이야기를 묵묵히 듣고 있던 광현이 조용히 말했다.

"그런 일이 있으셨군요. 할아버지는 골동품 가게만 얘기하셨지 집에 대한 얘기는 하지 않으셨어요."

"사랑하는 사람에게는 좋은 말만 해주고 싶은 마음이 있으니까. 하지만 나는 부모님을 미워하지는 않았어. 밥은 항상 많이 주셨거든."

"갑자기 할머니가 해주신 밥 먹고 싶네요."

광수는 창가를 바라보며 잠시 생각에 잠기다가 말을 이어간다.

"어쩌면 그 결핍이 나의 선택에 영향을 주었을 수도 있어. 어쨌든 나는 대한민국에서 가장 높은 곳에 살고 싶었단다. 때로는 작은 결핍이 자기 자신을 발전시키는 데 있어서 큰 원동력으로 작용하기도 하지. 또 내가 짓는 모든 건물에 창문을 최대한 크게 만들려고 했던 것도 그런 과거에서 비롯했던 것 같기도 해."

"저는 솔직히 아버지 덕분에 부족함 없이 자라서 결핍이란 것을 잘 모르겠어요."

"이미 결핍을 느끼고 있는 것 같은데."

"제가요?"

"남들보다 뒤처져 있다는 느낌도 어떻게 보면 상대적 결핍이라고 할 수 있지. 꼭 어릴 때 불행했던 것만이 결핍은 아니란다."

듣고 있던 영현이 물어본다.

"아저씨를 두더지라고 놀렸던 그 사람은 뭐하고 있어요?"

광수는 대답을 할까 말까 2초 정도 고민한다.

"영현아, 기분 나빠 하지 말고 들어. 그 친구는 나의 가장 친한 친구 영철이야. 네 아버지이기도 하고."

"아…… 아저씨……."

영현은 시선을 어디다 둬야 할지 모른 채 고개를 숙인다.

모닥불이 타닥타닥 소리를 낸다.

불꽃 방울 여러 개가 S자를 그리며 하늘로 올라간다.

"괜찮아. 다 지난 일이야."

"저희 아버지가 그런 말을 하셨다니…… 정말 죄송해요……."

"너 미안하라고 이런 얘길 한 게 아니야. 내가 하고 싶은 말은 지금부터다."

영현은 다시 고개를 들어 광수를 바라본다. 눈가가 살짝 촉촉해졌다. 광수가 말한다.

"사람들은 자신의 과거에서 벗어나지 못하는 경우가 많단다. 가난하게 태어난 사람은 가난을 물려준 부모를 원망하고, 공부를 못한 사람은 자신이 공부할 수 없었던 환경을 원망하고, 농구를 하고 싶은데 키가 작은 사람은 키 작은 유전자를 물려준 조상을 원망하지. 하지만 우리는 현재에 살고 있고, 과거는 과거일 뿐이지."

"과거가 현재에 중요한 역할을 하는 것은 맞잖아요."

"나를 결정하는 것은 지금의 상황, 환경, 조건이 아닌 바로 '나'란다. '나 자신' 외에는 아무것도 나를 결정할 수도, 판단할 수도 없어."

"저는 지금 과거가 현재에 끼치는 영향을 말씀드리고 있는 거예요."

"과거는 현재의 나라는 사람이 재해석한 기억에 불과해."

"네? 아저씨가 말씀하셨잖아요. 과거의 습관이 현재의 나를 만든다고요."

"습관과 과거는 엄연히 다른 거야. 한번 생각해보자. 당시에는 힘들었지만 지금은 웃으면서 이야기할 수 있는 기억."

"네, 있죠. 하지만 그런 기억들은 당시에 견딜 수 있을 만한 고통이었어요. 저희 아빠가 아저씨에게 준 커다란 마음의 상처 정도는 아닐 거예요."

"나도 그때는 많이 속상했지만 지금은 아무렇지 않아."

"세월이 지나서 그런 게 아닐까요?"

"그럴 수도 있지만 과거조차 지금의 내가 판단하는 거야."

"그게 가능한가요?"

"반지하에 살 때를 떠올려보면 비가 올 때마다 혹시나 물이 집 안으로 들어올까 봐 양동이를 들고 안절부절못하시던 부모님 모습이 생각나. 그때는 동굴 같은 집이 너무나 싫었지만, 돌이켜보면 부모님도 그 집에서 어떻게 해서든 벗어나야 한다는 의무감, 자식에게 이런 모습을 보이는 창피함, 놀림을 받게 한 미안함을 안고 사셨을 것이고, 지금 그 나이가 되어서 생각해보면 얼마나 힘드셨을까 하는 마음이 들지. 난 이렇게 자랐기 때문에 이렇게 해도 돼, 하고 과거를 핑계 삼으면 세상이 안타깝다고 용서해줄까? 낮은 자존감을 이상한 방식으로 표출하는 사람들은 과거의 쳇바퀴에 갇혀 현재를 살지 못하고 있는 거야."

"하지만 텔레비전에 나오는 유명한 정신과 박사님들을 보면 과거에 무슨 일이 있었는지를 알아내고 현재에 어떤 영향을 끼쳤는지 분석하려고 하잖아요."

"과거의 사건을 찾으려고 하는 것은 좋지만, 그것에 의미를 부여하는 것은 현재의 내가 한다는 거야."

"너무 어려운 일 같아요. 이미 머리에 깊숙이 박힌 기억의 의미를 바꾼다는 건 불가능해 보여요."

"그래서 용기라는 게 필요한 거란다. 그 과거의 기억에 묶여버린 사람은 절대로 부를 이룰 수 없어. 부를 이룬 사람들은 과거의 아픔을 딛고 용기를 내어 뛰쳐나온 사람들이야. 사업을 할 때도 용기가 필요하고, 투자를 할 때도, 원하는 직장에서 면접을 볼 때도 용기가 필요하지."

"거의 자신의 인생을 재해석해야 하는 것처럼 느껴지

네요."

"맞아. 아무리 똑똑해도 용기가 없다면 그저 똑똑한 사람으로 남지, 무언가를 이룬 사람으로 남지는 않아. '그때 했더라면, 그때 샀더라면.' 모두 용기가 없는 사람들이 늘 하는 말이야. 즉, 얼마나 대단한 졸업장과 학점을 가졌느냐, 직업이 무엇이냐, 어느 지역 출신이냐는 현재의 나를 정의하지 않아. 어떤 마음가짐으로 어떤 생각과 행동을 반복하는지가 현재의 나를 결정하는 것이고 앞으로 부자가 될 수 있느냐 없느냐를 결정한단다."

모닥불은 여전히 타닥타닥 소리를 낸다. 불꽃 몇 개가 공기중으로 올라가다가 살며시 밤하늘로 스며든다. 영현의 마음속에서 무언가가 빠지직 소리를 내며 갈라진다.

———

이른 아침, 광현과 영현은 움직일 수가 없다.

침낭 밖은 시베리아다. 관절이 녹슨 철근처럼 삐거덕거린다. 광현은 자리를 박차고 일어난다.

"영현! 아둥, 아둥, 아둥, 아둥."

"으으 추워라. 몇 시야?"

"아둥, 아둥, 아둥, 아둥."

"뭐 하는 거야."

"아둥, 아둥, 아, 둥근 해가 떴습니다. 자리에서 일어나
이 자식아."

"재밌냐?"

"재미없었어?"

"삼성전자 임직원들이 아이폰에 뽀뽀하는 걸 지켜보는
이재용이 된 기분이야."

"으이그. 세종대왕이 영어과외 하는 소리 하고 있다. 바
닷가 산책 가자."

둘은 해변가로 간다. 조깅 하는 사람, 개와 함께 뛰는 사
람, 팔짱 끼고 걷는 연인…… 이른 시간부터 부지런하다.

모래 위에는 어제 폭죽놀이 하고 남은 쓰레기들이 그대
로 있다. 파도가 치는 곳 가까이에 간다. 저 멀리서 울렁이
다가 모래 쪽으로 다가와 거품을 내며 촤악 하고 펼쳐진
다. 센 파도처럼 보이지만 해안가까지 와서 힘없이 사라지
기도 하고, 약한 파도 같지만 발 바로 앞까지 차오르기도
한다.

시선을 멀리 둔다. 아주 멀리 있는 바다는 움직임이 거
의 없다. 수평선 아래의 깊은 바다는 고요하고 해변가의
얕은 바다는…… 촐싹인다.

우리도 지금 촐싹이고 있는 게 아닐까……?

아직 낮게 떠 있는 태양은 우리의 그림자를 길게 뻗도록 한다. 아스팔트 위의 그림자는 딱딱해 보였는데, 모래 위의 그림자는 한껏 부드러워 보인다.

천천히 푹신한 감촉을 느끼며 걷는다. 계속 걷다 보니 옆쪽으로 공사 현장이 보인다. 풀들이 자라 있고, 아무도 없다. 음산하다. 펜스에는 뭔가 지워진 흔적과 함께 '브트리 호'라고 쓰여 있다. 접근을 금지하는 빨간 테이프와 노란 테이프가 여기저기 둘러쳐 있다.

배가 고프다. 근처에 있는 칼국수 집에 간다. 드르륵 문을 연다. 주인 아주머니가 텔레비전을 보고 있다. 속초 지역 신문이 테이블 위에 펼쳐져 있다. 1면에 굵고 진한 글씨로 크게 제목이 쓰여 있다.

세븐트리 호텔 사업자 도주, 투자자들 집단 소송

"광현아, 이거 용팔이……?"
"누구는 날라버리고, 누구는 날려버리고. 에휴……."
영현은 아까 모래 위에 떨어져 있던 폭죽 쓰레기들이 생각나면서 광수가 했던 말이 떠오른다.
'폭죽은 화려하지만, 그 화려한 시간이 영원하지 않아. 순간 반짝이고 사그라들고 말지. 너희들은 햇빛, 달빛, 별

빛처럼 누구나 언제나 어디서든 바라볼 수 있는 그런 존재가 되렴.'

용팔이의 인스타그램에 들어가본다. 하루에 한 개씩 올라오던 허세 가득한 사진들이 한 달째 올라오지 않는다. 광현은 조용히 앱을 닫는다.

그때 광수에게서 문자가 온다.

한가할 때 시청 공사 현장에 들르렴.

칼국수를 후루룩 해치우고 공사 현장으로 간다. 언덕에 위치해 있다. 제법 위로 올라간다. 새로운 시청을 이런 곳에 짓는다니 이상하다.

차에서 내리는데 문이 잘 열리지 않는다. 강풍이 휘몰아친다. 망치로 두드리는 소리, 용접하는 소리조차 귀에 부딪히고 지나가는 바람 소리에 잘 들리지 않는다.

광현과 영현은 멀찌감치 서서 현장을 바라보고 있는 광수를 발견한다. 광수 쪽으로 걸어가는데 강한 바람에 몸이 휘청인다. 주변의 나무들도 한쪽으로 쏠려 쓰러질 듯이 겨우 버티고 있다. 아직 포장하지 않은 바닥에서는 모래 바람이 휘날리다가 입 속으로 들어간다.

"퉤퉤. 아버지, 여기 바람이 엄청난데요?"

광수는 바람에 찡그린 표정 위로 하얀 이를 드러내며 환하게 웃는다.

"위로 올라가보자."

뼈대만 있는 건물에 올라간다고?

어릴 때 호기심에 동네 공사장에 들어가본 적은 있어도 성인이 되어서는 처음이다. 헬멧을 쓰고 바닥에 여기저기 놓여 있는 자재들을 큰 걸음으로 피하며 계단이 있는 쪽으로 간다. 계단을 연달아 올라간다. 귀에 들리는 바람의 주파수가 높아진다. 바지 펄럭이는 횟수가 많아진다. 꼭대기층으로 올라간다. 순간 탄성이 절로 나온다.

"와!"

드넓게 펼쳐진 바다가 파노라마로 펼쳐져 있다. 아까 해변가에서 봤던 바다와는 스케일이 다르다.

태풍 같은 바람도 그 순간은 아무렇지 않게 느껴진다.

그것도 잠시, 눈을 뜰 수 없을 정도로 강한 바람이 다시 우리를 괴롭힌다. 바람 소리를 이겨내기 위해 소리 지르듯이 질문한다.

"아저씨, 이 정도 바람이면 건물이 무너지는 거 아니에요!"

광수는 헬멧을 꽉 붙잡으며 대답한다.

"이 바람을 즐겨봐! 크루즈 위에 있다고 생각해!"

영현과 광현은 시선을 바다 끝에 두고 두 팔을 양쪽으로 크게 벌리며 바람을 느껴본다. 정말로 거대한 배 위에 있는 것만 같다. 머리와 옷이 펄럭이다 못해 진동의 진폭처럼 파르르르 떨린다. 중간고사, 기말고사, 학원, 수능, 입대, 연애, 사업, 투자, 인간관계에서 받았던 그동안의 스트레스와 감정의 찌꺼기들이 모두 날아가버리는 것 같다.

광수도 바다 쪽으로 시선을 둔다.

"시청이든, 서울의 주택이든, 평택의 공장이든 나는 항상 같은 설계를 해!"

"무슨 뜻이에요, 아버지!"

"바람이 많이 분다고 해서 설계를 바꾸지는 않는다는 뜻이야!"

"그럼 여기도 바람이 안 분다는 조건에서 지어지고 있다는 뜻인가요!"

"아니! 바람이 안 부는 곳도 이것보다 훨씬 더 강한 바람이 분다는 전제하에 지어! 바람과 지진은 인류의 건축 역사를 발전시켜왔지!"

영현과 광현은 광수가 왜 그런 말을 하는지 이해가 안 간다.

다시 바람이 세차게 분다.

"너희들은 투자를 왜 했니!"

"부동산 가격 오르는 게 저희 수입보다 많은 것 같아서 요!"

"부동산 가격이 오를 거라고 기대를 했구나!"

"네! 맞아요!"

"혹시 오르라고 기도했니!"

"그건 안 했어요!"

"하하하, 그래! 투자는 기도하거나 기대하는 게 아니야! 철저히 계획해야 돼! 투자라고 하면 대부분 사는 것만을 생각하지만 사는 것은 투자의 시작에 불과해! 시세가 오르고 내리는 것은 사이버 머니일 뿐! 어떠한 이득도 소득도 가져다주지 않아! 투자는 팔 때 아름다운 빛을 내야 해!"

"거기까지는 생각 안 해봤어요!"

"너희들이 사업할 때 누구에게, 어떻게 팔 것인지 생각하듯이 투자도 마찬가지야!"

"그럼 언제 팔아야 하죠!"

"사고 싶은 더 좋은 자산이 있을 때! 자산이 한쪽으로 치우쳐져 있어서 포트폴리오 재조정이 필요할 때! 현금이 급하게 필요할 때! 세금 문제가 복잡하게 얽혀 있을 때!"

"알 것 같으면서도 어려워요!"

세 남자는 한곳을 바라보며 강한 바닷바람을 마주하고 있다.

"앞으로 더 강한 바람을 계속 맞닥뜨릴 거야. 그 속에서 배움을 통한 성장은 늙을 때까지 쭉 같이 가는 것이란다!"

"어휴, 늙어서도 배워야 한다니! 끔찍한데요!"

"인생이란 그냥 늙어가는 게 아니란다! 내 안에 있는 큼 직한 원석을 조금씩 깎아 영롱한 빛을 내는 다이아몬드로 만들어가는 과정인 거야!"

땅. 땅. 땅. 땅. 땅.

철근을 두드리는 쇠망치 소리가 마치 대화를 종료하라 는 듯한 신호를 준다.

"춥구나! 내려가자!"

1층에 내려가니 위쪽보다 바람이 잔잔하다.

광현과 영현은 광수와 인사를 하고 다시 서울로 향한 다. 실내는 중형 세단급이지만 경차로 분류되는 가성비 최 고의 레이를 타고 톨게이트를 통과한다. 어제 봤던 그 비 행기가 서울 쪽으로 날아가고 있다.

성공하는 거, 부자 되는 거, 돈 많이 버는 거

영현과 광현은 캠핑장 하나를 인수했다. 서울에서 한 시간이면 갈 수 있는 거리다.

풍성한 나무들이 에워싸고 있고, 바로 근처에 저수지가 있다. 예전 주인이 관리를 하지 않아 손님이 없어 적자를 면치 못했지만 입지적으로는 매우 적합해 보였다.

전기공사를 새로 하고, 화장실과 샤워실을 확장했다. 큰 도로에서 찾아 들어오기 쉽게 표지판도 예쁘게 군데군데 설치했다. 컨테이너로 만든 사무실도 깔끔하게, 매점도 알차게, 울퉁불퉁한 바닥은 평평하게 모든 준비를 마쳤다.

운영하고 있는 동영상 사이트에 캠핑장 홍보를 하고 얼마 지나지 않아 사람들이 붐비기 시작했다.

사무실에 간이용 침대를 놓고 영현과 광현이 번갈아가며 일주일씩 상주하기로 했다.

따뜻한 봄과 더운 여름의 중간쯤 되는 어느 날 밤.

영현은 잠들기 전 컨테이너 사무실 창문을 연다. 찌르르르 벌레 울음소리와 차르르르 밤바람에 나뭇잎끼리 부딪히는 소리가 나쁘지 않다. 이불을 덮지 않아도 되는 미지근한 온도의 공기가 얼굴 주변을 맴돈다. 솔솔 부는 기분 좋은 바람에 저절로 눈이 감기려는 찰나.

커커커커커커커 커커커커커커커.

난데없이 전동 드릴로 땅 파는 소리가 들린다.

너무 놀라 사무실 문을 박차고 뛰어나간다.

깜깜하다.

아무도 없다.

아무것도 없다.

영현은 넋이 나가 멍하니 서 있다.

커커커커커커커 커커커커커커커.

아…… 제일 가까이에 있는 텐트에서 나는…… 코 고는 소리다.

부스럭부스럭. 문제의 텐트 바로 옆 텐트에서 남자 한 명이 나오더니 영현 쪽으로 다가온다.

"사장님, 옆 텐트 사람이 코를 너무 크게 골아서 잠을 못 자겠어요. 이러다 우리 애들 깨서 울기 시작하면 여기 캠핑장 난리나요. 어떻게 좀 해주세요. 네?"

아니, 일부러 시끄럽게 하는 것도 아닌데 나보고 어쩌란 말인가.

그때다.

으아아아아아아앙~!

아기가 울기 시작한다.

커커커커커커커. 으아아아아앙. 커커커커커커커. 으아아아아앙.

코 고는 소리와 아기 울음소리가 한밤의 심포니 오케스트라처럼 울려 퍼진다.

이쪽 저쪽에서 'ㅆ' 들어간 욕이 하나둘 들려온다.

멘붕이다. 주인으로서 어떻게 해야 하지. 어떻게 해야 하지.

영현은 코 고는 소리가 나는 텐트로 다가가 조심스럽게 텐트를 흔든다.

조용해진다.

1분 후, 경운기 시동 거는 소리가 난다.

다시 텐트를 흔든다.

조용해진다.

1분 후, 덤프트럭 과속운전 하는 소리가 난다.

다시 텐트를 흔든다.

성공하는 거, 부자 되는 거, 돈 많이 버는 거

조용해진다.

영현은 이 짓을…… 아침 7시까지 반복했다.

———

다크서클이 입술까지 내려온 영현은 광현에게 전화한다.

"광현아, 문제가 하나 있어."

"술 부족하냐? 아니면 밤새 혼자서 무서웠쪄요? 우쭈쭈."

"그게 아니고. 우리 캠핑장 구조상 한쪽에서 시끄러우면 전체로 울려 퍼져. 특히 밤에는 더."

"거기가 고시원도 아니고 원래 캠핑장이라는 게 그렇지. 그런 거 감안하고 캠핑하는 거 아냐?"

"그래도 사람이 잠은 자야지. 어제 어떤 아저씨 코 골고, 애기들 울고 난리였어. 그래서 캠핑장 사람들 다 깼어."

"코에 노이즈 캔슬 되는 에어팟 콩나물 심어주지 그랬어."

"아 농담 아니고. 텐트랑 텐트 사이에 벽이라도 세워야 할 것 같아."

"벽 세운다고 되겠냐?"

"그럼 방음 텐트 같은 건 없을까?"

"방음 텐트? 그런 게 어딨어? 아, 아니다. 레나한테 물어보자."

광현은 레나에게 이메일을 보낸다.

　수신 : 레나

　참조 : 에밀리아, 영현

　내용 : 헤이, 레나. 옆 캠퍼들이 너무 시끄러운데 좋은 방법

　　　　 없을까? 방음 되는 렌트 같은 거 혹시 있나 해서.

몇 시간 뒤 답장이 온다.

　수신 : 광현

　참조 : 영현, 에밀리아

　내용 : 연락 기다렸어. 내일 한국 간다.

　추신 : 닭발은 맛있었지만 다시 먹으라면 못 먹겠어. 하지만

　　　　 맥주와 섞어 마셨던 초록색 병의 정체가 궁금해.

　광현과 영현은 인천공항 출국장에서 기다린다.

　처음 레나를 마주하던 느낌과는 사뭇 다르다.

　저기 그녀가 보인다. 큰 박스가 실린 공항카트를 밀면서

나온다.

　머리 색깔을 바꿨다. 밝은 회색과 흰색의 중간이다. 군데

군데 보라색 브릿지도 있다. 주근깨는 더 많아졌다. 완전

구미호다. 짧은 바지에 나시티로 가려지지 않은 그녀의 화려한 문신은 보고 싶지 않아도 보게 된다.

"레나! 여기야 여기!"

"꽝혼! 영혼!"

"웰컴투서울, 레나!"

광현과 레나가 가벼운 포옹을 한다.

영현은 레나의 카트를 이어받는다.

"비행기 타느라 힘들었지? 예약해둔 숙소로 가서 짐 먼저 풀자."

"무슨 소리야? 바로 너희들 캠핑장으로 가야지. 달려!"

그녀의 텐션을 이길 수가 없다.

바로 캠핑장으로 쏜다.

———

레나는 캠핑장에 도착하자마자 독일에서 가져온 큰 박스를 연다.

"꽝혼, 영혼, 내가 하는 거 잘 봐."

낑낑거리며 하나하나 펴고 몇 부분을 연결하니 텐트가 완성된다.

그동안 봐왔던 텐트와는 완전 무게감이 다른 텐트다.

"레나, 이거 무슨 텐트야?"

"방음 텐트. 우리 캄페르노 신상!"

"내가 전화한 게 어젠데 바로 만든 거야?"

"아니. 지난번 한국에서 전시회 때 어떤 기자랑 인터뷰 했었어. 그 기자가 한국 사람들이 캠핑에서 제일 불편해 하는 게 모기, 화장실, 소음이라고 했어. 모기랑 화장실은 우리가 어떻게 할 수 없으니 소음을 어떻게 줄여볼까 연구 하다가 결국 이걸 만들게 됐지. 꺄하하하하."

단단한 스폰지 같기도 하고 매트 같은 느낌에 무거워 보 이기까지 한다.

이걸 사람들이 받아들일지 모르겠다.

"엄청 두꺼운 고밀도 방음재를 35번 압축한 거야. 처음 시제품은 너무 무겁고 설치하기도 어려웠는데 계속 구조 바꾸고, 소재 바꾸고, 여러 가지 테스트를 해서 여기까지 왔어. 어때?"

"지금까지 봐온 텐트들이랑은 다르긴 한데…… 좀 무겁 지 않아?"

"이봐 꽝흔 영흔, 너희들 이 텐트를 집에서 여기까지 들 고 와? 차 타고 오잖아. 코리안 파워를 보여주라고! 그리고 이 텐트의 진짜 장점은 소음 차단도 있지만 바로 바로 바 로……."

"뭔데? 빨리 말해줘."

"보온이야! 한겨울에 이 안에서 전기장판만 틀고 있으면 그냥 사우나야. 이것만 있으면 겨울에도 캠핑할 수 있는 거야! 우리는 겨울 캠핑 시장의 수요까지 잡을 수 있는 거라고! 꺄하하하하."

영현은 고기를 굽는다. 광현은 테이블 세팅을 한다.

그 사이 선글라스를 쓴 한 남자가 다가와 레나에게 이런저런 질문을 한다.

텐트 여기저기 사진을 찍는다.

텐트가 너무 좋아 보인다는 제스처를 취하며 직접 만져보기까지 한다.

"영혼! 바비큐는 준비됐어?"

"어! 먹자!"

한 여자와 두 남자는 고기를 먹는다.

"음, 역시 코리안 스테이크가 최고야. 영혼, 지난 번에 맥주랑 섞어 마셨던 초록색 병 준비했어?"

"물론. 근데 이거 위스키나 와인하고는 많이 달라."

"새로운 거 너무 좋아! 맥주랑 안 섞고 먹어볼게."

레나는 맥주잔을 들이민다.

"아…… 괘, 괜찮을까? 좀 쓴데…… 그리고 소주는 이 작은 잔에 마셔야……."

"영혼! 나 맥주 종주국에서 온 사람이야! 여기 빨리 채워줘! 꺄하하하."

그녀의 간드러지는 웃음소리가 캠핑장 구석구석까지 파고든다.

우리가 제일 시끄러운 것 같다.

주인이 떠든다고 환불 요청할 것 같다.

"레나, 나머지는 텐트 안에 들어가서 먹을까? 소음 차단이 되는지 테스트해볼 시간이야."

"좋아! 들어가보자고!"

레나는 술이 들어가기도 전에 업이 되어도 한참 업 되었다.

셋은 술과 안주를 가지고 텐트 안으로 들어간다.

"너희들! 가만 앉아 있어. 이 캄페르노의 기술력을 보여주겠어!"

레나는 텐트 앞문과 뒷문을 닫고, 한쪽에 열려 있던 창문까지 닫는다.

모든 문이 닫히자마자 압력이 상승하면서 묵직한 헤드폰과 두꺼운 귀마개를 동시에 끼고 있는 느낌이 든다. 마치 세상과 단절된 우주에 떠 있는 것처럼 기묘할 정도로 적막해졌다.

"우리가 아무리 떠들어도, 밖에서 아무리 떠들어도 안과 밖은 완벽히 차단되어 있어. 빨리 소주 줘!"

자연 소음이 너무 없어서인지 레나의 목소리가 더욱 크게 들린다.

영현은 레나가 들고 있는 맥주잔에 소주를 따른다.

소주잔 한 잔 정도의 양만큼만 따른다.

"얼래? 가득 따라줘, 영혼!"

그녀의 지시에 소주를 맥주잔의 절반 이상 채운다.

"한국에서 '짠'이라고 하는 것을 독일에서는 '프로스트'라고 해. 우리 비즈니스가 잘되기를! 프로스트!"

"프로스트!"

레나는 맥주잔에 담긴 소주를 원샷한다.

"레나, 괜찮아? 이거 맥주랑 달라."

"크아…… 이거 꽤 독한데? 한국이 왜 빨리 발전했는지 알겠어! 바로 이런 독함이 있기 때문이었어! 그나저나 너희들에게 제안할 게 있어. 이 텐트는 분명히 잘 팔릴 거야. 하지만 독일에서 만들어서 여기까지 배달하는 건 물류비나 운송시간 때문에 수지타산이 맞지 않아. 너희들이 한국에서 생산하고 로열티만 우리에게 줘. 동아시아 판권도 전부 너희들에게 줄게."

"우리보고…… 직접 생산하라고?"

"응! 왜 못해? 할 수 있어! 너희들은 캄페르노 제품을 받아서 파는 그런 단순한 물류업체가 아니야. 제조도 하

고 마케팅도 하고 판매도 하는, 천장이 없는 기업의 오너
라고!"

독일에 가기 전, 광수 아저씨가 했던 말과 매우 흡사하다.

"어, 어…… 해볼게. 그럼 우리가 중국하고 일본에도 팔
수 있는 거야?"

"응. 그런데 우리가 조사한 바로는 중국 사람들은 모두
가 시끄러워서 남들 시끄러운 것에 예민하지 않고, 일본
사람들은 모두가 조용해서 이런 방음 텐트는 필요가 없
어. 우리가 알아본 건 여기까지긴 한데, 너희들은 더 깊이
조사해서 시장을 만들어낼 수 있다고 생각해. 방음만 되
는 게 아니라 보온도 되니까. 아, 어지러워……. 막 돈다 돌
아……. 근데 왜 바닥이 올라오지?"

"레나, 괜찮아?"

"바닥이 나한테 다가와. 쓰러지겠어. 이상해. 그나저나
그동안 너희들 미래에 펼쳐질 멋진 상상해봤……."

턱.

레나는 그렇게 머리카락을 입술에 한껏 머금은 채 텐트
에서 잠이 들어버렸다.

"광현아, 진짜 따뜻한데? 외풍이 하나도 없어."

"따뜻함을 넘어서 더워. 활화산 안에서 마그마로 반신
욕 하는 기분이야."

영현과 광현은 믿을 만한 텐트 제조 업체를 선별해 캄페르노로부터 기술 이전을 받아 방음 텐트를 외주 생산하기 시작한다. 레나가 가지고 온 샘플과 거의 비슷한 방음 수준이 갖춰졌다.

예상했듯이 매출은 급상승했고, 이 텐트 덕분에 겨울에 캠핑을 즐기는 수요는 지난해 대비 30퍼센트 이상 증가했다. 언론에서는 캠핑의 혁신이라며 대대적으로 옐로 브로콜리의 성공을 보도했다.

그로부터 며칠 뒤, 누리끼리한 서류봉투가 하나 도착한다.

발신 : 코베라

수신 : 옐로 브로콜리

내용 : 귀사의 번창을 기원합니다. 유감스럽게도 수신인은 발신인의 특허권을 침해하고 있는 것으로 확인되었으니 침해 행위를 즉각 중단하고 판매를 즉시 중단할 것을 요구합니다. 그렇지 않으면 발신인은 특허법상 허용되는 일련의 민·형사상 조치를 취할 것입니다. 이에 대한 수신인의 성의 있는 답변을 2주 내로 회신해주시기 바랍니다.

광현은 코를 비벼대며 말한다.

"모차르트 가야금 퉁기는 소리하고 앉아 있네. 코베라이 자식들은 귀사의 번창을 기원한다는 말은 왜 써놓은 거야?"

"수많은 텐트를 봐왔지만 우리 같은 텐트는 못 봤는데……. 어느 회산지 한번 알아볼게. 아냐, 내일 소개팅 있는데."

"이건 내가 알아볼 테니까 영현이 너는 머리나 자르고와. 면도도 좀 하고. 혹시 밀당 기술이나 소개팅 꿀팁 필요하면 나한테 물어봐도 되고. 내가 그런 거 전문이잖아."

"너 연애 해본 적 없는 거 다 알거든."

━━━━━

어색한 분위기의 한 여자와 한 남자가 파스타를 하나씩 앞에 두고 앉아 있다.

여자는 알리오올리오.

남자는 로제크림.

"영현 씨는 취미가 뭐예요?"

취미라는 것을 가져본 적이 없다. 뭐라고 하지?

동시에 진짜 특허 침해 소송에 걸리면 어쩌나, 머릿속은 그 생각뿐이다.

"음…… 그게……."

"괜찮아요. 저도 취미 없어요. 이 바쁜 세상에서 취미라는 걸 가지기가 쉽나요, 어디. 저는 그냥 멍 때리는 게 취미라면 취미예요. 주말에는 자는 게 취미고요."

"아…… 네……."

"그럼 영현 씨는 꿈이 뭐예요?"

"그…… 그게…… 아…… 음……."

"말씀 안 하셔도 돼요. 꿈을 가지고 있는 것도 어떻게 보면 사치죠. 우리가 어릴 때나 꿈……."

"부자 되는 거요."

"어머머머머. 정말요?"

"네. 성공하는 거, 부자 되는 거, 돈 많이 버는 게 제 꿈이에요. 진아 씨는요?"

"같아요. 돈 많이 벌어서 부자 되는 게 제 꿈이에요."

"하하, 재밌네요. 저랑 꿈이 같다니."

"그런데요. 저 돈독 올랐다고 욕먹을까 봐 어디 가서 한 번도 이런 말 해본 적 없는 거 아세요?"

"그러셨군요. 저도 전에는 이런 말 못 했어요. 제가 존경하는 분이 정직하게 돈을 버는 행위와 감정은 떳떳한 거라고 말씀하셔서 그다음부터는 당당하게 제 꿈을 말하려고 해요."

"우아, 우리 뭔가 통하는 게 있는데요?"

"하하, 네. 진아 씨는 지금 하시는 일이 잘 맞으세요?"

"네. 지금은 비록 5평짜리 좁은 데서 직원도 없이 혼자 하는 동네 미용실이지만 프랜차이즈로 키울 거예요. 박승철헤어나 준오헤어처럼, 아니 그보다 더 멋지고 세련된 브랜드를 만들고 싶어요. 물론 너무 큰 꿈이지만요."

"할 수 있어요."

"네?"

"진아 씨는 할 수 있어요."

"아…… 좀 당황스럽네요. 보통 제가 이런 말을 하면 다들 정신 나갔냐고 그래요. 저한테 할 수 있다고 말해준 사람은 영현 씨가 처음이에요."

이 여자 느낌이 좋다.

첫 만남이고 아니고를 떠나서, 남자 여자를 떠나서, 식사도 커피도 내가 전부 계산해야겠다.

이 남자 느낌이 좋다.

내가 계산하고 싶은데 자존심 상해하려나. 그럼 이따가 커피는 내가 계산하고, 다음 식사는 내가 사는 걸로 하고 약속을 미리 잡아야겠다.

스타벅스로 간다. 창가에 자리를 잡고 앉는다. 푹신한

소파 사이에 있는 낮고 동그란 테이블이 두 사람의 거리를 멀지도 가깝지도 않게 적당히 메워준다.

스타벅스에 오니 예전에 광수 아저씨와 왔던 때가 생각난다.

"진아 씨는 이 스타벅스가 뭐라고 생각해요?"

"제 미용실 옆에 치킨덮밥하고 제육덮밥만 파는 엄청 큰 식당이 하나 있는데요. 그 건물주 분이 제 손님이에요. 그분 하시는 말씀이 다른 건물에서 스타벅스 임차시키고 시세차익 남겨서 강남에 건물을 샀다고 했어요. 그때 알았죠. 스타벅스에서 커피 마시는 사람이 부자가 아니라, 스타벅스에서 임대료 받는 사람이 부자구나. 그러니까…… 스타벅스는 하나의 좋은 아이템이라고 생각해요. 나를 부자로 만들어줄 수 있는."

표정도 밝고, 인상도 좋고, 예의도 있고, 경제관념도 뚜렷하다.

진짜가 나타났다. 내 여자로 만들어야 한다.

지이이이잉.

광현의 전화다.

"이봐, 소개팅남. 너 혹시 쪼잔하게 더치페이 하자고 한 건 아니겠지?"

"무슨 일인데. 빨리 말해."

"특허 내용 살펴보니까 실제로 우리 제품하고 비슷하게 만든 적이 있더라고. 방음도 잘 안 되고 설치도 안 돼서 생산도 못 하고 판매도 못 했는데 특허 신청만 해둔 거였어. 근데 대기업이라 만만치 않을 것 같네. 우리 제품 판매 중단시키고 제품 카피하는 건 문제도 아니라는 거지."

"골치 아프게 됐네."

"근데 특허 등록일이 레나가 한국 와서 샘플 보여준 그다음 날이라는 거야."

"뭐어?"

"그날 그 회사 직원인지 누군지 우리 제품을 보고 바로 특허 등록을 해버린 것 같아."

"혹시…… 그때 선글라스 썼던……."

"그런 거 같다. 어쩐지 꼬치꼬치 캐묻고 만지고 별짓을 다하더라니……."

"어이가 없네. 알았어. 이따가 다시 얘기하자."

"그래. 지금은 앞에 있는 사람에게만 집중해. 화장실 갔을 때 치아 사이에 고추가루 꼈나 꼭 확인하고."

"또 쓸데없는 소리한다. 끊어."

영현의 표정이 심각하다.

"무슨 일 있으세요?"

영현은 최근 있었던 일을 설명한다.

"변호사랑 변리사 자격증 동시에 있는 친구가 있는데 소개해드릴게요. 똑부러지고 야무지고 치밀해서 재판에서 져본 적이 없어요. 제 친구 중에 가장 능력 있고 돈 많은 중학교 친구예요."

―――――――

소개팅이 끝나고 며칠 뒤 영현은 첫 연애를 하게 된다. 여자친구의 중학교 친구 덕분에 13개월에 걸친 소송은 옐로 브로콜리의 승소 판결로 마무리되었다.

하지만 재판기간 중 생산 금지 명령이 떨어져 원자재 재고만 가득 쌓아둔 채 시간을 보내야만 했고, 원고였던 코베라 측에서 언론 플레이를 하며 옐로 브로콜리에 대한 부도덕한 이미지를 대중들에게 퍼뜨렸다. 돈과 시간보다 중요한 고객으로부터의 신뢰를 잃었다.

"광현아, 옛말처럼 얻는 게 있으면 잃는 게 있나 봐."

"그래도 너는 여자친구를 얻었지만…… 나는…….''

"……미안……."

광현과 영현은 억울하지만 이 또한 성장의 과정이라고 생각한다.

광현과 영현은 분하지만 이 또한 두 보 전진하기 위한

한 보 후퇴라고 인식한다.

광현과 영현은 원통하지만 이 위기 속에는 위험이 있는 동시에 기회가 있음을 알아차린다.

부자 아빠의 부자 수업

세계 3대 오케스트라 빈 필하모닉 내한공연이 부산에서 열린다. 광수는 삶의 여유와 마음의 공간을 채우기 위해 부산으로 향한다.

광현과 영현도 부산에 있는 거래처를 방문하기 위해 광수와 같은 기차를 타기로 한다. 광수가 사는 잠실과 가까운 수서역에서 출발하는 SRT다. KTX와는 달리 SRT에는 특실이 한 칸뿐이다. 광현은 현란한 손가락 놀림으로 예약에 성공한다. 마지막 열차다.

기차에 오르니 같은 칸에 아무도 없다. 아니다. 저 뒤쪽에 덩치가 매우 큰 남자가 앉아 있다. 곧이어 나지막한 배경 음악과 함께 명랑한 목소리의 안내 방송이 나온다.

"우리는 22시 40분에 수서역을 출발해서 부산역까지

가는 SRT 제379열차입니다. 열차가 곧 출발합니다. 가지고 계신 승차권을 확인해주시기 바랍니다……."

기차가 서서히 출발한다. 빙판 위를 미끄러지는 듯이 부드럽게 움직인다. 속도가 점점 빨라지고 창밖의 배경이 성급하게 뒤로 사라진다.

"아버지, 마실 것 좀 드실래요? 자판기에서 뽑아 올게요."

"나는 괜찮다. 너희들 마시렴."

영현과 광현은 자판기로 간다. 영현은 포도봉봉을 뽑는다. 광현은 코코팜을 뽑는다. 특실 뒤쪽에 마련되어 있는 생수를 한 병 들고 가서 광수에게 건넨다.

세 사람은 부산에서의 일정에 대해 얘기한다. 자연스럽게 사업 쪽으로 대화의 방향이 흘러간다.

"……그렇게 다니던 회사가 문을 닫고, 나는 건축자재 유통을 했었지. 건축보다는 유통이 훨씬 더 쉬워 보였거든."

"아저씨께서 그 일을 하신 줄은 몰랐어요."

"금방 접었어. 아니 망했지."

"네? 망했다고요?"

"직장에서 배운 거라고는 집, 공장, 상가를 짓는 건축에 대한 지식뿐이었는데, 남의 사업이 더 쉬워 보인다고 전혀 모르는 분야에 손을 댔던 거지."

"아…… 단번에 성공하신 줄 알았어요."

"실패를 하고 나서야 깨달았지. 모르는 것을 어떻게든 해내는 것이 중요한 게 아니라, 아는 것만 잘해도 충분하다는 것을 말이야."

광현은 코코팜 캔을 꼭 쥔다.

"아버지는 투자와 사업을 하시면서 가장 두려웠던 게 뭔가요?"

"나태해지는 것, 자만해지는 것, 이 두 가지였어."

"그럴 때마다 아버지는 어떻게 극복하셨나요?"

"욕조에 얼음을 가득 채우고 들어가서 차가움의 고통이 느껴지지 않을 때까지 반성하는 시간을 가졌단다."

"저는 아버지가 찬물에 있는 걸 좋아해서 그러신 줄 알았어요."

"저 초등학생 때 아버지가 아저씨 집에 갔을 때 욕조에 얼음이 담겨 있었다고 말해주신 적이 있어요."

"영철이가 다니던 회사의 회장님 저택을 지을 때였어. 회장님은 여성스러우면서 유려한 곡선을 원하셨지. 그에 맞춰 시드니의 오페라하우스와 비슷한 비정형 곡면 설계를 2년 동안 하면서 9번이 넘는 수정과 검토 작업 끝에 공사가 시작되었어. 모든 부분마다 다른 곡률이 적용되기에 재료와 공법에 대한 최적화 과정을 여러 번 거쳐야만 하는, 난이도가 있는 프로젝트였지. 하지만 당시 여러 공사건들이 겹쳐 있기도 했고, 빌딩이 아닌 주택이었기에 다소 안이하게 판단했어. 외관 공사가 끝날 때쯤에야 뭔가 잘못됐다는 걸 알았어. 곡률이 심한 구간에 빈틈이 너무나 컸고, 일부는 유리모듈이 아예 맞지 않는 곳도 있었지. 시공이 문제인 줄 알았어. 워낙 붙여야 할 조각들이 많았으니까. 하지만 시공 팀과 계속 검토해봐도 시공에는 문제가 없었어. 다시 사무실로 돌아가 일주일에 걸쳐 검토해보니 결국 설계의 문제였던 거야. 비정형 곡면에 대한 공법을 고려하지 않고 일반 곡면에 적용했던 마감과 이음 방식을 그대로 적용한 것이 하자를 만들었던 것이지."

"그래서 어떻게 하셨어요?"

"시공에 대한 최적화와 모든 외관 재료에 대한 검토를 처음부터 다시 해야만 했지. 모든 자재, 이음새 부품들을 재발주하면서 적지 않은 적자를 봤지만 나를 되돌아볼 수 있는 깨달음의 시간이기도 했단다."

"그런 실수는 얼마든지 있을 수 있을 것 같은데…… 아닌가요?"

"물론 누구나 실수를 할 수는 있지. 그런데 설계를 하면서 이건 일반적인 공사로는 힘들다는 것을 나는 이미 알고 있었어. 그래도 이 정도면 일반적인 공법으로 늘 써왔던 마감재와 이음재를 사용해도 상관없겠다는 안일한 선

택을 해버렸던 거야. 그건 실수가 아니지. 나의 자만심과
나태함이었단다."

영현은 성공가도만 달렸을 것 같은 광수의 뒷모습을 알
게 되어 놀라지 않을 수 없었다. 빈틈없이 살아가려는 광수
의 깊은 눈을 바라본다. 인간이라는 존재는 그 빈틈 속에
서 행복을 종종 발견하기도 한다고 책에서 본 적이 있다.

아저씨는 행복했을까? 행복한가?

포도봉봉에 들어 있던 포도알 두 개를 꿀꺽 삼키고 물
어본다.

"아저씨는 사업으로도 투자로도 큰 부를 이루셨는데요.
행복하신가요?"

"왜 그런 질문을 하니?"

"회사도 커지고 투자 규모도 커지면 스트레스 때문에
행복이 흔들리지 않을까 해서요."

"많은 사람들이 착각하는 게 하나 있어. 바로 행복을 목
표로 생각한다는 사실이야."

"그렇지 않나요? 돈 많이 벌고 좋은 직장을 다니는 게
모두 행복을 위한 거잖아요."

"행복은 목표가 아니야. 쭉 같이 가는 거지."

"쭉 같이 간다는 게 무슨 의미예요?"

"우리는 매 순간 행복을 느끼고 있는데 행복을 저 멀리 있는 목표로 삼기 때문에 행복감을 못 느끼고 있는 거지. 샤워하고 나서 드라이어로 머리를 말릴 때, 맛있는 음식을 먹을 때, 재미있는 영화를 봤을 때, 추위에 떨다가 따뜻한 곳에 들어갔을 때, 사랑스러운 반려동물과 교감을 나눌 때처럼 소소하고 행복한 순간들이 매일 벌어지고 있단다. 그래서 부자가 되는 것은 목표가 될 수는 있지만 행복은 목표가 아닌 거야. 돈을 버는 과정에서 충분히 행복할 수 있다는 뜻이지. 돈으로 행복을 살 수는 없지만 행복을 줄 수 있는 것들은 얼마든지 살 수 있어."

"아저씨가 돈으로 산 것 중에 가장 큰 행복을 주는 것은 무엇이었나요?"

"그건 말이다, 바로 '자유'란다."

'자유'라는 단어에 영현은 첫 아르바이트를 하고 나서 받았던 월급이 생각난다. 큰돈은 아니지만 부모님이 주신 용돈 없이 마음대로 쓸 때 자유로운 기분을 처음 느꼈다. 이번에는 코코팜을 마시던 광현이 질문한다.

"자유라면 '마음대로 하는 것'을 의미하나요?"

"자유로운 사람은 거절할 때 변명거리를 만들어내지 않아도 되지."

"오…… 멋있는데요?"

"다른 의미로는 어떤 것에도 구애되지 않고 원하는 가치를 위해 살아가는 것을 의미해. 반대로 얘기하면 무의미하게 사는 것은 자유가 아니야."

"그냥 놀고먹으면서 편하게 살 수 있잖아요."

"그것은 자유가 아니라 나태함이란다."

"그 나태함 또한 자유 아닌가요?"

"나태함과 여유로움은 완전히 다른 개념이야."

"그렇게 말씀하시니 어감이 좀 다르긴 하네요."

"나태해진다는 건 그 나태함의 굴레에서 벗어나지 못한다는 뜻이고, 여유롭다는 건 내가 내 삶을 마음대로 조절할 수 있다는 의미야. 차이를 알겠니?"

"확 와닿지는 않지만……."

"높은 언덕에서 데굴데굴 굴러가는 바위가 있다고 생각해보자. 그 바위에는 의지가 없어. 그냥 굴러가는 거야. 그러면서 다른 돌과 나무에 부딪쳐 돌멩이가 되고 더 작아져서 모래가 되고 그렇게 점점 작아지는 거지. '내 마음대로 한다'라는 것이 반드시 자유를 의미하지 않아. 오히려 포기와 타협을 빌미로 본능에 지배당한다는 뜻이기도 해."

음악이 나온다. 안내 방송이 나온다.

"고객 여러분, 우리 열차는 잠시 후 동탄역에 도착하겠습니다. 두고 내리는 물건이 없는지 다시 한번 확인해주시기 바랍니다. 감사합니다. 레이디스 앤 젠틀맨……."

열차 문이 열리기도 전에 와글와글 소리가 들린다. 꼬마 아이들이 탄다. 그 뒤를 이어 젊은 부부들이 올라탄다. 신도시의 바람이 느껴진다.

••• 광수는 초등학교 때 전체 학생들을 대상으로 하는 설문조사를 한 적이 있었다. 가족관계, 주소를 적었다. 선생님께 하고 싶은 말에는 '침을 튀기지 말았으면 좋겠어요'라고 적었다. 나머지 문항도 술술 적었다. 단 한 가지만 적지 못한 것이 있었다. 바로 꿈이 무엇이냐는 것.

꿈은 대부분 직업을 의미했다. 그때의 광수는 꿈이 없었다. 오히려 잘 때 꾸는 꿈을 더 꿈이라고 느꼈다. 펜을 이리저리 굴리면서 친구들은 뭐라고 썼는지 보려고 눈알도 이리저리 굴렸다. 과학자, 선생님, 가수. 와닿지 않았다.

광수는 꿈이라고 한다면 '하늘을 나는 자유' 같은 것을 머릿속으로 그리곤 했다. 그렇게 적었다가는 이상한 아이로 취급당할 것 같아 '목수'라고 적어냈다. 이유는 내 짝꿍이 '목사'라고 적어서 '목수'라는 단어가 생각났던 것 같다.

꿈과 미래의 직업을 연결시킬 수 없었던 이유가 있었다. 부모님의 어릴 적 꿈이 골동품 가게 사장이 아니었을 것이기 때문이다. 부모님도 과학자나 선생님이 되고 싶었지만 이유가 있어서 지금의 자리에 있었을 것이라고 생각했다. 초등학생으로서는 꽤나 깊이 있는 고찰이었던 것 같다.

며칠 뒤, 선생님은 "미래에 목수가 될 광수가 목사가 될 짝꿍에게 교회를 지어주면 되겠구나"라고 말씀하셨다. 하늘을 날고 싶은 아이에게 톱으로 나무를 잘라 교회를 지으라니, 얼토당토않은 말이었다. 그러나 한편으로는 무언가를 만든다는 것도 도전적으로 들렸다.

광수는 그렇게 꿈에 대해 생각한 뒤로 더 많은 꿈을 가질 수 있게 되었다. 산타 할아버지가 창문이 아닌 방문을 열고 들어와서 선물을 주는 것. 잠잘 때 덮는 이불이 마법의 양탄자가 되어 세계 여행을 하는 것. 하늘에서 쏟아지는 눈을 모으고 모아 바다에 던져 눈으로 뒤덮인 섬을 만드는 것.

결국 '꿈은 자유, 자유는 꿈'이라는 공식을 가지게 되었다. 지금도 그 공식은 변함이 없다. • • •

광수의 어린 시절 이야기가 끝나자 영현이 묻는다.

"아저씨는 '꿈은 직업이다'라는 틀을 깨셨던 거네요."

"그렇다고 볼 수 있지. 꿈에는 무한한 자유가 있기 때문에 설레고, 짜릿하고, 뭉클해. 거기에서 내가 꿈꾸는 미래의 청사진이 그려지는 거지. 잔잔한 감동이 있는 미래."

"아저씨는 그럼 자유를 위해 살아가시는 건가요?"

"모든 인간은 결국 자유를 위해 살아가고 있어."

"우리는 이미 자유 국가에 살고 있잖아요."

"그래서 너희들은 자유롭니?"

광현과 영현은 조금 혼란스럽다.

자유…… 자유가 뭐지. 분명히 하고 싶은 것을 하면서 살고 있지만 자유롭지 않은 느낌이다.

"그럼 자유로운 상태라는 것은 뭔가요?"

"너희들 혹시 초등학교 때 갔던 롯데월드 기억나니?"

"네, 그럼요."

"타고 싶은 것을 마음대로 원하는 때에 타는 게 그게 자유란다. 타고 싶은데 한 시간 동안 줄을 서야 하는 것은 그 줄이라는 공간과 한 시간이라는 시간에 속박당한 셈이지."

"그 뜻은 돈으로 자유를 산다는 의미인가요?"

"그래."

"그건 너무 잔인해요. 돈으로 자유를 산다니…… 그럼 돈 없는 사람들은 자유를 누리지 못하는 건가요?"

"한 시간 줄을 서고 나서 탈 수 있잖니. 자유를 누리지 못하는 게 아니라 불편한 것뿐이야."

"잘 모르겠어요. 돈 있다고 누구는 편하고 누구는 불편하고."

"너희들은 나를 왜 찾아왔지?"

"사업과 투자에 대해 여쭤보려고요."

"왜 사업과 투자를 하지?"

"그야…… 돈을 벌려고요."

"그래. 남들이 유튜브를 보거나 밖으로 놀러 다닐 시간에 너희들은 돈을 벌기 위해 지금 이렇게 시간을 할애하고 있잖아. 아무 노력도 하지 않은 사람과 너희들처럼 노력한 사람의 결과가 같으면 어떨 것 같니?"

"그건 좀 억울하겠네요."

"빈부 격차라는 건 어느 정도는 있어야 하고, 있을 수밖에 없단다."

"네? 그건 말도 안 돼요. 빈부 격차야말로 우리 사회를 망치는 길 아닌가요?"

"일부 부패한 후진국처럼 통치권자들이 모든 부를 쥐고, 국민들은 전부 가난한 그런 빈부 격차는 반드시 고쳐져야 하지. 하지만 우리나라는 다르잖아."

"하지만…… 빈부 격차는 무조건 나쁜 거 아니었나요?"

"한번 생각해보자. 빈부 격차가 없는 나라가 있다고 하자. 일을 많이 하는 사람과 일을 안 하는 사람의 임금과 보상 차이는 없어. 그러면 누가 일을 하려고 할까?"

"아무도 안 하겠죠."

"그럼 건설 현장도, 마트도, 택배도, 학교도, 학원도 어느 곳도 제대로 돌아가는 게 없을 거야. 아무도 집을 짓지 않을 거고, 아무도 자동차를 만들지 않을 거고. 그나마 아주 조금씩 만들어진 집이 있다면 그 집은 재벌들이나 살수 있는 엄청난 가격에 거래되겠지. 그것이야말로 진짜 빈부 격차가 아닐까 싶은데. 아이러니하지만 적절한 수준의 빈부의 차이라는 것이 존재해야만 더 극심한 빈부 격차를 막을 수 있단다."

광현과 영현은 머리로는 이해하지만 가슴으로는 이해하기를 거부하고 있다. 코코팜 젤리와 포도알을 먹으며 당분을 보충한다.

"진짜 소중한 것들은 바로 눈앞에 보이지 않기 마련이야. 너희들이 세월이 지나면서 경험과 지식이 쌓이고 정신적으로 성숙해지면 비로소 그때 보이는 것들이 있어. 그러니 너무 조급해하지 않아도 되고, 앞서 나가는 다른 사람들을 보면서 괴로워하지 않아도 된단다."

광수는 두 청년들을 지긋이 바라본다.

"내 아들인 광현이와, 나와 가장 친한 친구의 아들 영현이에게 이런 말을 해줄 수 있다는 게 너무 기쁘고, 너희둘이 이렇게 잘 커준 것만으로도 행복해. 너희들과 함께하는 이 행복은 사업이 잘되고 건물에서 임대료를 받는 것과는 차원이 다른 행복이지."

영현은 말을 할까 말까 고민하다가 조용히 입을 다문다. 이를 눈치챈 광수가 물어본다.

"할 말 있으면 해보렴, 영현아."

"아저씨는 분명히 자상한 면도 있으시지만 한편으로 광현이에게 차갑게 대하시는 모습도 자주 봤어요."

"그렇게 보였을 수도 있겠구나."

"아저씨 정도의 재력이면 광현이가 편하게 살 수 있도록 재산을 물려주실 수도 있지 않나요?"

광수는 손을 가볍게 휘휘 저으며 단호하게 말한다.

"물려줄 생각은 추호도 없단다."

영현은 이해하기 어렵다는 표정을 짓는 사이 광현은 광수의 눈을 바라보며 묻는다.

"부의 대물림에 대해서는 어떻게 생각하세요?"

"모든 부모는 자식에게 물려주고 싶어하지. 가진 게 비록 빵 한 조각일지라도."

"그러면 가난한 집에서 태어난 사람들은 시작점부터가 너무 불리하잖아요. 부잣집에서 태어난 아이들이 부를 독식하고 그 부는 또 대물림이 되고……."

"세상은 단 한 번도 공평한 적이 없단다."

"하아…… 아버지도 그렇게 생각하신다니……. 그럼 부의 대물림이 사회적으로 정당하다는 건가요?"

"여기서 중요한 것은 부를 물려받느냐 안 받느냐가 아니야. 가난한 사고방식을 물려받느냐 안 받느냐가 더 중요하단다. 여기서 가난한 사고방식이라는 것은 의외로 부를 가진 사람들도 꽤나 가지고 있지."

"부자가 가난한 사고방식을 가지고 있다는 게 이해가 안 가요."

"남을 짓밟고 올라가서 부를 쟁취한 사람들은 훗날 자신보다 더 뛰어난 사람들에게 짓밟히게 되어 있어. 부모, 조부모로부터 물려받은 돈을 마치 자신의 업적인 것처럼 허세를 부리고 쉽게 쉽게 돈을 흘려보내는 사람들도 많단다. 그들은 절대 오래가지 못해."

"그럼 가난한 사람들의 가난한 사고방식은 뭐죠?"

"세상은 반드시 공평해야 한다는 주장을 하는 사람들이란다."

"공평은 너무 중요한 거잖아요."

"다시 말하지만 이 세상은 절대 공평하지 않아. 이 사람을 한번 봐라."

차은우 사진을 보여준다.

"봤니? 이번에는 이걸 한번 봐라."

셀프 카메라 화면을 보여준다.

핸드폰 화면에는 광현과 영현의 얼굴이 보인다.

"어떻니?"

"세계 최고의 실력을 자랑하는 대한민국의 성형의술로도 어찌할 수 없는 극심한 격차를 봤어요."

"그래. 사람은 얼굴, 키, 지능, 머리숱까지 모든 게 불공평하게 태어나."

"네에……."

"그렇기에 우리는 인정해야만 해. 받아들여야만 해. 이 사실을, 이 현실을 말이다. 현실을 인정하지 않는다면 세상을 혐오하게 되고, 부모를 혐오하게 되고, 결국 자신을 혐오하게 된다. 동시에 부의 대물림을 혐오하면서 부자를 미워하게 되고, 돈은 나쁜 것이라고 생각하면서 자신은 그런 나쁜 것을 가진 혐오스러운 사람이 되지 않겠다고 다짐하지. 그러나 마음속으로는 누구보다 돈을 갈구하는 아이러니한 상황이 벌어지게 된단다."

"그런 사고방식을 물려받지 않는 게 중요하다는 뜻이군요. 그럼 가진 게 별로 없는 사람들은 자녀에게 무엇을 줄 수 있나요?"

"현실에 안주하지 않고 재정적 여유를 위해 지속적으로 도전하는 모습, 돈과 직업에 대해 스스럼없이 나누는 대화

시간, 비록 현재 소득이 적더라도 비관하거나 좌절하지 않는 단단한 마음가짐 같은 것들을 줄 수 있지. 이런 것들이야말로 부자의 큰 그릇을 가진 사람으로 커갈 수 있는 소중한 자산을 물려주는 것이야. 나는 정직하게 자산가가 되는 과정이야말로 드넓게 펼쳐지는 원대한 순례의 길이라는 것을 알게 됐어. 그래서 너희들에게도 이 경험을 해주게 하고 싶었단다."

음악이 나온다. 안내방송이 나온다.
"고객 여러분, 우리 열차는 잠시 후 천안아산역에 도착하겠습니다. 두고 내리는 물건이 없는지 다시 한번 확인해주시기 바랍니다. 감사합니다. 레이디스 앤 젠틀맨……"
승객 한 명이 올라탄다. 손에는 호두과자 봉지가 들려 있다. 고소한 냄새가 코끝에서 잠시 머물다가 사라진다.

레버리지 하거나, 레버리지 당하거나

기차가 다시 움직인다. 창밖의 풍경도 같이 움직이기 시작한다.

"얘들아, 자유의지와 용기가 없다면 성공도 결국 도피의 일부분에 불과하단다."

"네? 성공하는 게 도피하는 거라고요?"

"사람들은 아무것도 안 하고, 세계 일주를 가고, 크루즈 여행을 가고, 그저 누워서 푹 쉬는 게 자유라고 생각하지만, 그것은 일상으로부터의 도피에 불과해. 여행이 끝나갈수록, 쉬는 시간이 끝나갈수록 현실로 돌아가야 한다는 압박을 받으면서 '지금은 자유롭다', '나는 이 순간을 즐기고 있다'고 자기 암시를 하는 거지."

"하지만 여행은 즐겁고, 휴식이 편한 것은 사실이잖아요."

"그래. 그것들의 본질은 일상으로부터 겪고 있는 문제를 잠시나마 잊기 위해서지. 호텔로 여행을 가지만 비용을 주고 잠시 사용할 뿐, 자신이 돌아가야 할 집과 일터는 그대로야."

"그렇다면 방금 말씀하신 성공이 도피라는 것은 무슨 뜻이죠?"

"성공을 하려는 목적도 가난으로부터의 도피, 열등감으로부터의 도피, 불편함으로부터의 도피의 일종이지. 인간은 강박, 두려움, 책임, 걱정, 부담감, 정신적 피로, 육체적 고통 같은 많은 문제를 안고 살아가고 있어. 여기에서 벗어나고자 두 가지 도피 방식을 택하고 있어."

"하나는 말 그대로 현실로부터의 도피이고, 하나는 아예 성공해버리는 것을 말씀하시는 거네요."

"잘 이해했구나. 그래서 나는 주변 사람들에게 어차피 도피할 거면 부자가 되는 쪽으로 도피를 하라고 하지."

"성공하려는 것이 도피라는 점에는 동의하기 힘들어요. 어쨌든 노력이 필요한 거잖아요."

"여행을 갈 때도 예약을 하고, 일정을 짜고, 짐을 싸고, 이동을 해야 하는 노력이 필요하지."

"그렇긴 하지만⋯⋯."

"하하, 너희들이 무슨 생각을 하고 있는지 알아. 나도 꽤 오랜 시간 동안 도피에 가까운 삶을 살아왔기 때문이야."

"아버지가요?"

"무언가에 쫓겨서 사는 삶을 살아왔지. 돈을 버는 것에
도 목적이 없었고, 그저 성공이라는 단어만을 바라보고
직진만 하던 세월이 있었어."

"그럼 지금은요?"

"'무엇으로부터의 도피'보다는 '무엇을 향한 자유'를 위
해 살고 있지."

"무엇을 향한 자유……."

"이런 사고의 전환에는 아까 말한 자유의지와 용기가 필
요해. 결코 쉬운 일이 아니야. 하지만 방법이 없는 것은 아
니란다."

"뭐죠?"

"저축을 해서 모은 종잣돈으로 자산을 하나하나씩 축
적해가는 거야. 경제적인 여유를 찾는 게 첫 번째 단계이
지. 경제적으로 여유가 생기면 자유를 찾는 길이 훨씬 수
월해질 거다. 직장 안에서든 밖에서든 모두."

"결국 돈인가요?"

"돈이 모든 것을 결정하지는 않지만 돈을 대체할 만한
것 또한 없어. 경제적으로 여유가 생기면 회사 생활이 즐
거워지고 또 다른 의미를 찾을 수 있는 거야. 우리가 태어
났다는 이유로 어쩔 수 없이 사는 것 같지만 매 순간 결정

을 내리면서 지금의 내가 된 거지. 그렇게 인간은 누구나 선택하고 결정할 수 있는 자유와 자신이 원하는 대로 변화할 수 있는 자유를 가지고 있단다."

"누구나 자유를 가질 수 있다……. 저로서는 다가가기 힘든 것 같아요."

"자유는 결국 레버리지(leverage)에서 온단다."

"레버리지라면…… 대출을 말씀하시는 거죠?"

"물론 금전적 레버리지도 아주 중요해. 미래의 자본을 끌어다 쓸 수 있는 거니까."

"그 정도는 저희도 알아요. 대출을 잘 활용하면 기하급수적으로 돈을 불릴 수 있다는 것을요."

"대출은 레버리지의 극히 일부에만 해당돼. 레버리지는 생각하는 것보다 훨씬 광범위하지. 병원에 가면 의사를 마치 절대자로 생각하기 쉽지만 사실은 내가 지불하는 돈을 받는 대신 제대로 치료해주기 위해 오랫동안 열심히 공부한 사람이라고 생각하는 게 레버리지 사고방식이지. 아무리 명예와 부를 가지고 있는 사람이라도 그저 올려다보거나 부러워할 게 아니라 어떻게 내가 활용 가능한지 알아야 해. 결국 우리는 서로가 서로를 레버리지 하고 있는 셈이란다."

"그게 자유를 얻기 위한 방법이라니, 이해가 조금 가요."

광수는 꼬고 있던 다리를 풀며, 의자 아래로 다리를 한 번 쭉 편다.

"내가 여태까지 말한 것은 소비적 측면의 레버리지야. 자유를 얻으려면 생산적 레버리지가 필요해."

"생산적 레버리지라면 사람이나 시스템을 활용하는 것을 의미하는 것 같은데요."

"소비자들이 하는 소비적 레버리지는 누구나 할 수 있는 반면에, 생산자들의 생산적 레버리지는 자신에 대한 객관적 평가가 이뤄졌을 때 가능하단다."

"생산자들이라면 결국 사업하는 사람만이 할 수 있는 거 아닌가요?"

"그건 아니야. 나 자신에 대한 객관적 평가가 필요하다고 한 이유는, 대부분의 사람들은 생산자로부터 레버리지를 당하고 있기 때문이야. 4천만 원의 연봉을 8천만 원으로 만들기 위해 20년이라는 시간을 투자하지만, 20년 뒤에 받을 8천만 원의 가치는 현재의 4천만 원과 다를 바 없어. 어쩌면 더 낮을 수도 있고. 사람들은 이 부분을 잘 모르고 있지."

"눈에 보이는 숫자는 오르지만, 생산자의 입장에서는 계속 같은 금액을 주고 있는 셈이네요. 너무 슬픈 현실인데요?"

"안타깝게도 레버리지 당하는 사람들의 세월까지 고려한다면 슬픔을 넘어서서 좌절에 가깝지."

"아버지도 직원들을 레버리지 한다고 생각하세요?"

"물론이지. 내가 모든 것을 다할 수는 없잖니."

광현은 실망이라는 표정이다. 아버지가 직원들을 '사람' 또는 '구성원'이 아닌 '레버리지' 수단으로 사용하고 있다니.

"아버지 회사의 직원들은 본인들이 평생 같은 월급을 받아가면서 레버리지 당한다는 사실을 알고 있나요?"

"당연히 알고 있단다."

"어떻게 알죠? 그런 사실을 안다면 회사 다니기 싫을 것 같아요."

"한 달에 한 번씩 돈에 관한 주제로 세미나를 하고 있고, 직원들에게 부업을 할 수 있는 기회를 충분히 주고 있어. 자신의 업무만 제대로 한다면 얼마든지 좋아하는 진짜 일을 찾게 하는 것이 나의 직업적 소명 중 하나란다."

"그러면…… 일을 잘하던 직원이 나가면 회사에는 손해 아닌가요?"

"하하하. 그런 것도 걱정해주는구나. 전혀 그렇지 않아. 무조건 나가서 자기 사업하는 것만이 그들의 진짜 일을 찾는 게 아니야. 직장 생활을 하는 게 천직인 사람도 많고, 직장 생활을 하면서 재테크를 잘하는 사람도 있어. 혹시나 창업이나 다른 계기로 나가는 직원이 있다면 훗날 어떠한 루트를 통해서라도 나에게 보답을 한단다. 그렇지 않더라도 그 직원이 어딘가에서 행복하게 의미 있는 일을 하고 있다는 소식만 들어도 나는 매우 기뻐. 세상은 생각보다 좁고, 신기하게도 사람 일은 어떻게든 엮여 있거든."

광현의 표정이 풀어진다. 듣고 있던 영현이 말한다.
"사장이 아닌 사람들도 레버리지가 가능한가요? 생산적 레버리지요."
"가능해. 다니고 있는 회사의 장점과 단점을 습득해가는 과정이 레버리지의 시작이야. 오랜 시간 동안 존속해 온 회사는 이제까지 사업을 지속할 수 있었던 나름대로의 이유가 있어. 현재 갖춰진 시스템은 수십 년간 시행착오를 겪으며 장점을 발전시키고 단점을 추려나가는 과정을 겪으며 다듬어진 결과물이란다. 이것을 절대 무시하면 안 돼. 이런 회사의 내부자로서, 외부자가 배우기 힘든 노하우들을 내 것으로 만든다는 것 자체가 엄청난 시간과 기회를 레버리지 하는 것이지."
"사업도 마찬가지지만 회사라는 곳에 있다 보면 주어진 일 하기도 바쁜데, 방금 말씀하신 것들을 생각해볼 여유가 없을 것 같아요."

"사람들은 사진을 찍을 때면 멀리 있는 것을 찍기 위해 줌 렌즈를 쓰고, 가까이 있는 것을 찍기 위해 광각 렌즈를 사용해. 그런데 본인들의 미래에 관해서는 줌이나 광각은 커녕 아예 찍을 생각조차 안 하지. 디저트 사진은 열심히 찍으면서 자신의 꿈에 대한 사진은 안 찍는다? 그러면서 성공과 부를 원하는 것은 욕심일 뿐이야."

"그러면 어떻게 해야 하죠?"

"내가 배우고 있는 것, 배우고 싶은 것, 할 수 있는 것, 잘할 수 있는 것, 하고 싶은 것들을 자세히 살펴봐야 해. 그리고 함께 하고 싶은 사람, 나에게는 없는 것이 있는 사람과 같이 자신의 주변도 두루 관찰해야 하지. 줌인으로 면밀히 들여다보기도 하고, 줌아웃으로 멀리서 보기도 한다면 미래를 걸어볼 만한 뜨거운 무언가를 찾을 수 있어."

"쉽지 않을 것 같아요."

"반드시 찾는다는 보장은 없어. 하지만 확률을 높일 수 있는 방법은 있지."

"그게 뭐죠?"

"생산자의 팀에 들어가는 거야."

"생산자의 팀이라면……?"

"세상에는 두 개의 팀이 있어. 생산자 팀과 소비자 팀."

광현은 사뭇 놀란 표정으로 광수를 쳐다보며 말한다.

"아버지, 그건 너무 서늘한 자본주의적인 발상 아닌가요?"

"나는 사실만을 말하고 있단다. 잘 생각해보렴."

광현이 뚱한 표정을 짓는 사이 영현이 대화를 이어간다.

"생산자의 팀이라는 것은 부자 친구를 두라는 말씀이신데, 주변에 부자나 성공한 사람들이 없을 수도 있잖아요."

"생산자의 팀에 속한다는 것은 반드시 그 사람들의 물리적 모임에 들어가라는 뜻이 아니란다. 물론 식사도 같이하고 토론도 하면 좋겠지만 만나기가 쉽지 않아. 따라서 롤모델로 생각하는 사람들을 믿고, 따라하고, 의심이 가거나 힘들 때마다 다시 그 사람의 저서나 강의를 찾아보면서 중심을 잡고 흔들리지 않는다면 그 롤모델과 생산자의 팀에 속해 있는 거란다."

"저희는 운 좋게 이런 것들을 알려주는 아저씨가 곁에 있지만, 알려주는 사람이 없이는 혼자서 배우고 이해하기 어려울 것 같아요."

"운이라……. 같은 사업을 하거나 직업을 가지고 있어도 누구는 성공을 하고, 누구는 실패를 한단다. 운일 수도 있고, 실력일 수도 있지. 정답은 없어."

"정말로 운이 중요한가요?"

음악이 나온다. 안내방송이 나온다.

"고객 여러분, 우리 열차는 잠시 후 대전역에 도착하겠습니다. 두고 내리는 물건이 없는지 다시 한번 확인해주시기 바랍니다. 감사합니다. 레이디스 앤 젠틀맨……."

대전역에서 두 사람이 탄다. 손에는 쇼핑백이 하나씩 들려 있다. '성심당'이라고 쓰여 있다. 무슨 빵이 들어 있는지 궁금할 찰나 고로케 냄새가 허락도 없이 콧속으로 침투하여 배고픔을 유발한다.

문이 닫히고, 사람들이 각자 자리를 찾아 앉는다. 기차가 출발한다.

———

"사람들이 운이라고 하면 무조건 좋은 줄 알지만, 세상에는 불운이라는 것도 있어. 그런 불운을 피하는 것 또한 행운이라고 본단다."

"그죠. 불운이 따라다니는 사람들도 있긴 해요. 책에서 '운도 내가 만들어가는 것이다'라고 하는 말을 봤어요. 그게 사실인가요?"

"반은 맞고 반은 틀리지. 내가 어떻게 할 수 없는 운들이 있잖니. 부유한 집안에서 건강한 신체를 가지고 태어난 사람은 가난한 집에서 약한 신체를 가지고 태어난 사람보다는 훨씬 운이 좋은 케이스지."

"맞아요."

"이런 것은 내가 통제할 수 없는 운의 영역에 속한다고 할 수 있어. 우선 이 운을 인정하고, 내가 통제할 수 있는 운을 어떻게 끌어들일 것인가에 대한 실천이 그다음을 결정하지."

"운을 끌어들인다……. 중력 같은 힘을 말씀하시는 건가요?"

"맞아. 나에게 운을 만들어줄 사람들과 나에게 운을 만들어줄 기회들. 이렇게 두 가지로 본단다."

"운을 만들어줄 사람이라…… 귀인을 뜻하나요?"

"하하. 귀인이라니. 많은 사람들이 갑자기 커다란 날개에 왕관을 쓰고 아우라가 넘치는 귀인이 자기 앞에 나타날 거라고 생각하지만 다 망상이야. 행운을 가져다주는 사람은 눈에 띄지 않아. 눈에 띄는 사람은 대부분 사기꾼이지."

"아, 네……."

영현이 두 사람의 얘기를 듣다가 말한다.

"저희 아빠는 운이 늘 없었던 것 같아요. 잘못된 선택 때문인지, 아니면 너무 회사 일에 치여 살아서 그랬던 건지……."

"그보다는 운이 없는 길을 걸었기 때문인 것 같구나. 물론 이제는 운이 있는 길을 걷고 있지만."

"운이 없는 길과 있는 길……. 무슨 뜻이죠?"

"이 세상의 모든 길에는 운이 있는데 우리가 다 알고 있거나 편한 길, 쉬운 길의 운은 이미 다른 누군가가 오래전에 다 써버렸단다."

"그럼 어려운 길이나 아예 누구도 가보지 않은 길에는 그 운이 남아 있다는 뜻이네요."

"그렇단다. 운이 있어야 산삼을 발견한다고 해보자. 등산로가 잘 닦여 있는 길가에는 이미 산삼이 뽑히고 없지만, 접근하기 어려운 깊은 산속에는 산삼이 아직 남아 있을 가능성이 크지."

"그럼 운이 있는 어려운 길은 어떤 길이죠?"

"남들이 귀찮아하는 것, 하기 싫은 것, 어려운 것, 불편한 것, 아무도 생각해내지 못했던 것을 의미하지."

"그것만 하면 운을 잡을 수 있나요?"

"무조건 잡을 수 있는 건 아니고 그 길을 힘들어도 계속 걷다 보면 운을 품고 있는 사람들과 좋은 기회들이 아주 조용히 다가온단다."

"그렇다면 많은 것을 물려받은 운 좋은 사람들이나, 정말 별거 아닌데 순전히 운으로만 성공한 사람들은 어떻게 보세요?"

"혹시나 정말 운이 좋아서 부자가 될 수는 있으나 그 부를 유지하는 것은 실력이야. 운만으로 부자가 된 것은 볏짚으로 고층 빌딩을 완성한 것과 마찬가지지. 위기는 가난한 사람들에게만 있는 것이 아니야. 부자들에게도 위기는 늘 도사리고 있지. 그 위기를 극복하는 것은 철저히 실력에 의해서만 가능하단다."

"그래도 손대는 것마다 잘되는 사람들이 있잖아요."

"그 사람은 실력이 뛰어난 거야. 광활한 사막에서 노을을 등지고 낙타와 걷는 유목민의 사진을 보면 아름다워 보이지만, 막상 푹푹 발이 빠지는 모래에서는 한 걸음 한 걸음을 내딛기가 힘들어. 건축이라는 것도 펜스 밖에서만 보면 하루에 한 층씩 올라가는 것 같고, 어느새 다 지어진 것처럼 보이지만 실제로는 그 펜스 안에서 수많은 작업들이 매시간, 매일매일 벌어지고 있지. 너희들이 한 달에 얼마나 벌지?"

"저희 둘이 합쳐서 천만 원 정도요."

"그 천만 원이 정확히 한 달에 일한 금액만 의미할까?"

"음…… 여태까지 쌓은 것들이 한 달 한 달의 수입으로 만들어지고 있는 것이죠."

"마찬가지란다. 지금은 수월하게 천만 원을 벌 수 있지만 그 전까지는 오히려 적자였잖니. 너희들도 이 운을 위해 남들이 모르는 과정을 겪었다는 거야. 월 200만 원 버는 사람들이 너희들 보고 '첫 번째 사업도 성공하고 두 번째 사업도 성공한, 운을 타고난 사람들'이라고 생각할 수도 있어."

"그럴 수 있겠네요. 그래도 여기까지 온 게 정말 죽을 만큼 힘들지는 않았어요."

"너희들은 대학 졸업장을 포기했지. 그게 결코 쉬운 선택은 아니란다."

"그렇긴 해요. 고졸이라는 게 요즘 사회에서는 보기 힘든 학벌이죠."

"스티브 잡스와 마크 저커버그도 고졸이지."

"그들은 하버드 중퇴긴 해요."

"너희들도 대학교 중퇴야. 어디 가서 고졸이라고 하지 말고 대학교 중퇴라고 하렴."

"그렇게 말하니 좀 있어 보이네요."

"애초에 나에게는 운이 없다는 마음가짐으로 시작하는 게 편해. 그리고 운이 있는 사람들만큼 성공하기 위해서 더 전략적이고 효율적으로 살아가다 보면, 그 과정에서 자신의 재능을 발견하기도 하지. 발견하지 못하더라도 무엇이든 꾸준히 하는 것이야말로 진정한 운을 불러들이는 거야. 상승기에는 자신에게 투자 감각이 있다며 모두가 전문가

행세를 하지만, 시장이 무너질 때는 체로 이물질들을 걸러 내듯이 진짜 실력자들만 남고 가짜들은 다 사라져."

"미디어를 보면 시장 분위기에 따라 나오는 사람들이 다른 것 같아요. 불황을 조장하는 사람들과 호황을 조장하는 사람들이요."

"맞아. 가짜들은 시장이 조금만 흔들려도 난리법석을 떨어. 상승기 때는 달리자고 외치고, 하락기 때는 도망가자고 외치는 것을 봤을 거야. 그러나 진짜들은 상승기 때 보수적이고 하락기 때 공격적으로 움직이면서 장기적으로 시장을 바라보지. 가짜들은 단기적인 문제에만 집착해서 본질은 놓치고, 금리, 경기, 경제, 환율, 전쟁 같은 눈에 보이는 지표에 흔들리면서 스트레스와 불안으로 스스로 무너지고 말아."

음악이 나온다. 안내방송이 나온다.

"고객 여러분, 우리 열차는 잠시 후 동대구역에 도착하겠습니다. 두고 내리는 물건이 없는지 다시 한번 확인해주시기 바랍니다. 감사합니다. 레이디스 앤 젠틀맨……."

체격 좋은 남자가 올라탄다. 광수가 흘끗 바라보니 어디서 많이 본 듯한 인상이다. 삼성 라이온즈 야구 점퍼에 두산 베어스 모자를 쓰고 있다. 무슨 조합인지 이해가 안 된다. 처음부터 뒤쪽에 앉아 있던 거구의 남자와 인사를 한다.

영현은 광수의 말을 곱씹어보다가 다시 묻는다.

"아저씨가 이룬 성공의 밑받침에는 돈을 버는 재능이 있었다고 봐도 될까요?"

"재능이라…… 너희들은 노력과 재능 중에 무엇이 더 중요하다고 생각하니?"

"제가 본 책에서는 노력이 재능을 극복할 수 있다고 하더라고요."

"안타깝게도 노력은 재능을 따라갈 수가 없어. 재능 있는 사람이 노력까지 한다면 아예 쳐다볼 수 없을 정도까지 높이 올라가버리지. 이미 성공한 사람들이 노력만이 정답인 것처럼 말할 수 있는 거야. '타고난 재능 덕분에 성공했어요'라고 하면 재수 없어 보이거나 노력 없이 성공한 것처럼 보일 수도 있고, 다른 사람들의 꿈을 꺾어버릴 수도 있지 않겠니? 그래서 성공을 원하는 사람들에게 '누구나 저만큼 노력하면 할 수 있어요'라고 하지만 자신보다 더 성공한 사람을 만나면 그제서야 그들은 재능과 환경 타령을 하기도 해."

"그들이 노력을 재능보다 더 강조하는 이유가 이미 성과를 거두었기 때문이라고 생각하시는군요."

"맞아. 노력을 강조하는 그들도 분명히 누구보다도 더 노력을 많이 했겠지만, 똑같은 노력을 해도 똑같은 성과로 연결되지 않는 것은 재능의 차이라고 볼 수 있어. 따라서 재능이 없는 사람들에게 노력만을 강조하는 것은 폭력에 가깝다고 생각해."

"하지만 '너는 재능이 없어'라고 말하는 것도 잔인한 것 같아요."

"그 말 자체는 잔인할 수 있으나, '이 분야보다는 다른 분야에 재능이 있을 수 있으니 그쪽을 더 찾아보자'라고 해주는 게 옳겠지."

"그렇다면 성공에는 재능이 더 중요한가요?"

"노력과 재능을 반대되는 개념으로 생각하지만, 사실은 재능과 노력은 함께 가는 거야."

"재능을 발견하지 못한 사람에게는 노력도 소용없다는 건지, 아니면 재능 없이 노력만으로는 성공하기 어렵다는 의미인지 헷갈려요."

"책이나 텔레비전에서나 볼 수 있는, 흔히 말해서 초일류급으로 성공한 사람들은 재능, 노력, 운 이 세 가지가 완벽히 맞아떨어진 사람들이야. 워런 버핏이 마약중독자 부모 밑에서 자랐다면 지금의 워런 버핏이 될 수 있었을까?"

"불가능했을 것 같아요. 저희들도 아저씨 덕분에 박람회를 갔었고, 박람회에서 만난 업체와 거래를 시작할 수 있었던 거죠."

"그건 너희들이 어떻게 생각하느냐에 달려 있지. 그만큼 자신이 통제할 수 없는 부분들도 한 사람의 인생을 크게 좌우할 수 있다는 것을 인정해야만 해. 그래서 그 누구도 타인에게 '당신은 노력이 부족해서 성공하지 못한 겁니다' 라고 말해서는 안 된단다."

"그럼 아저씨의 성공은 재능과 노력이 합쳐졌다고 봐도 되나요?"

"세계적인 투자자, 사업가, 운동선수들은 선천적으로 탁월한 재능이 있었고 엄청난 노력을 했던 사람들이지만, 평범한 사람들의 얘기라면 좀 다르지. 부자가 된다는 것은 올림픽처럼 1위부터 순위를 매기는 게 아니거든."

"그 부분이 궁금해요. 그렇게 넘볼 수도 없는 사람 말고 주변에서 볼 수 있는 평범한 사람들이 성공했을 때는 어떤 재능이 있었고, 어느 정도의 노력이 있었을까요?"

"사업에 있어서는 노력보다는 재능이 더 중요하다고 봐. 돈의 흐름을 보고, 사람들의 마음을 움직이는 상품을 개발하고, 뛰어난 언변으로 시작부터 주목을 받는 그런 재능이 필요하지만, 투자의 세계에서는 다르단다."

"투자는 재능보다 노력이 큰 부분을 차지한다는 말씀이신 건가요?"

"맞아. 사업은 순식간에 유니콘 기업으로 등장했다가 순식간에 사라져버리기도 하지만, 투자는 반드시 시간의 누적이 필요하기 때문에 사기가 아니고서는 한순간에 없어져버리는 일은 없어. 세상의 흐름이 빠르게 바뀌면 사업의 방향과 방법도 그에 맞춰 바뀌어야 하는 반면에, 자산은 세상의 흐름과 변화보다는 변하지 않는 본질에 무게를 두고 있기 때문이지."

"사업은 빠른 흐름을 캐치하는 감각이나 생존하기 위한 순발력 같은 재능이 필요하지만 자산은 본질에 입각해서 비교적 천천히 움직이기 때문에, 사업에서 필요한 재능이 투자에서는 상대적으로 덜 필요하다는 말씀이시군요."

"정확해. 아까 말했듯이 우리가 주변에서 볼 수 있는 성공한 사람들, 즉 세 자리 숫자의 자산을 가진 사람들 정도는 누구나 노력으로도 할 수 있다는 뜻이지."

"세 자리 숫자라면 백 억 이상을 뜻하는 건가요?"

"응. 나도 사업과 투자를 병행했지만 네 자리 수는 아니야. 그 이상은 재능이 반드시 더해져야 할 것 같네. 정확한 기준이 있는 것은 아니란다."

"그렇다면 아직 재능을 찾지 못한 사람들이 재능을 찾으려면 어떻게 해야 하나요?"

"타의가 아닌 자의로, 직장이 아닌 직업을 찾는 것에서 시작하지."

"직장이나 직업이 같은 뜻 아닌가요? 직장이 있어야 직업이 있으니까요."

"대부분 타의적으로 직장을 다녀. 먹고살아야 하니까, 경력 단절이 있으면 안 되니까, 주변인들에게 인정받아야 하니까. 마치 붕어빵이 만들어지는 것처럼 그 틀 안에서 순서대로 움직여. 어느 순간 누가 뒤집어주지 않으면 타버리고 말지. 따라서 대부분의 사람들은 직장에 다닐 뿐 직업은 없다고 보면 된단다."

"그럼 직업은 뭔가요?"

"직장이 없어도 돈을 벌 수 있는 능력이나 기술을 뜻하지. 회사에서 당장 해고되더라도 그 사람이 스스로 일거리를 찾거나, 언제 어디서든 불러주는 곳이 있다면 그 사람은 직업을 가지고 있는 사람이야. 즉, 직장은 껍데기에 불과해."

"결국 '업(業)'을 찾아야 하는 거네요."

"맞아. 그 업은 재능을 찾는 것과도 연관이 있어. 하지만 많은 사람들이 '언젠가는 발견하겠지'라며 기다리기만 한단다. 그러면 절대로 발견할 수 없지."

"네, 발견하기가 쉽지 않은 게 현실이죠."

"하지 못하는 것인지, 할 수 있는데 안 하는 것인지는 분명히 구분해야 해."

"아…… 네……."

"그래서 직업이나 재능을 찾을 때는 어떻게 하면 소비자에서 생산자로 넘어갈 수 있을지에 대한 고민이 필요하단다. 인기 있는 유튜브 채널 영상들의 조회 수가 수십만 또는 수백만이야. 우리는 가볍게 웃고 지나가지만 그걸 만든 생산자의 통장은 점점 무거워지고 있어. 그게 바로 소비자와 생산자의 엄청난 차이인데 대부분 '나도 할 수 있어. 그런데 저런 거 해봤자……'라며 그 뒤에 별의별 이유를 다 갖다 붙이지."

"그게 어렵죠. 뭔가 해보려는 마음이 조금은 있었지만 어느새 저도 모르게 안 되는 이유들을 찾게 되거든요."

"투자도 마찬가지, 사업도 마찬가지, 생산자가 되는 것도 마찬가지야. 완벽한 조건을 찾으려 하지만 세상에 완벽이라는 건 없어. 심지어 지구조차 기울어져 있는데 말이야. 완벽이라는 단어를 핑계로 시간을 지연시키고 의식이 흐려지기를 기다리는 행위는 결국 죽을 때까지 아무런 경험을 하지 못하게 한단다."

"그래도 어느 정도 조건이 맞아야 뭔가 해볼 수 있는 거 아닌가요?"

"그 조건이 맞춰지는 것을 기다리기보다는 주체적으로 맞춰가는 게 핵심인 거지. 사실은 완벽한 조건을 찾으려는 행위가 이미 시작한 거나 다름없지만, 스스로 인지하지 못할 뿐이야. 논리적으로 검증된 자신감도 중요하지만 때로는 번뜩이는 감각에 이끌린 자신감도 중요하단다."

"그렇다고 무조건 시도해볼 수는 없잖아요."

"그렇기에 마음의 목소리를 경청하고 실행할 수 있는 내면의 힘을 키우는 게 중요하지."

"내면의 힘이요? 구체적으로 뭔가요?"

"너희들을 지탱해줄 가장 근본적인 것이야. 단단한 콘크리트가 버텨준다면 힘들어도 계속 나를 붙들고 나아갈 수 있지. 그게 롤모델 같은 사람이 될 수도 있고, 책이 될 수도 있고, 성취 욕구가 될 수도 있어."

"어려워요. 잘 모르겠어요."

"내면의 힘은 일상 속에서 어떤 경험을 하면서 살아가느냐, 어떤 자세로 살아가느냐, 어떤 마음으로 세상을 바라보느냐를 반복하면서 생긴단다. 많은 사람들이 라면을 끓일 때는 물이 끓기를 끝까지 기다리면서 인생에서는 소중한 재능을 발견하기도 전에, 노력의 가속도가 붙기도 전에, 곧 있으면 나타날 운이라는 행운의 보따리를 발견하기도 전에 오프 버튼을 누르는 건 큰 모순이지."

"그런 내면의 힘은 성공의 기초가 되는 건가요?"

"정확히 말하면 성장에 가까워. 그 보이지 않는 성장은 나만이 가질 수 있는 다이아몬드란다."

"다이아몬드는 가장 비싼 보석이죠."

"가장 단단하고 가장 반짝이지."

"그럼 성공이라는 것은 정확히 뭐죠?"

"너희들이 생각하는 성공은 존재하지 않아."

"성공이 없다는 말씀은 이해하기 어려운데요."

"성공했다고 알려진 사람을 보면 위대해 보이지만 사실 위대한 사람은 없어. 용기를 가지고 가슴속 뜨거운 무언가를 향해 도전하는 행위가 위대한 거야. 그렇기에 마음의 목소리를 경청하고 실행할 수 있는 내면의 힘을 키우는 게 중요하지. 많은 사람들이 '성공'을 도달해야 하는 멀리 있는 목표라고 생각하지만, 그보다는 매일 조금씩이라도 성장하는 것, 그 경험과 과정 자체가 성공이란다."

음악이 나온다. 안내 방송이 나온다.

"고객 여러분, 우리 열차는 종착역인 부산역에 도착하겠습니다. 두고 내리는 물건이 없는지 다시 한번 확인해주시기 바랍니다. 감사합니다. 레이디스 앤 젠틀맨……."

뒤에 앉아 있던 거구의 남자와 체격 좋은 남자 두 명이 내리기 위해 이쪽으로 걸어온다. 아무리 봐도 익숙한 얼굴이다. 광수는 자세히 본다. 거구와 눈이 마주친다. 체격과는 다르게 귀여운 얼굴이다. 아, 이제야 누군지 알았다.

남자들의 대화가 들린다.

"대호야, 이 근처 맛집 아나?"

"돼지국밥 한 그릇 하입시다, 행님."

어느 날부터 캄페르노의 매출은 하락하기 시작했다. 비슷한 디자인의 중국산 OEM 제품이 야금야금 시장을 장악하는 것이 눈에 보였다. 동영상 리워드 사업은 캠핑에서 낚시, 서핑, 스노보드, 골프까지 확장해 그나마 한쪽에서 줄어든 매출을 메울 수 있었다.

영현과 광현은 모아둔 돈과 경험으로 이다음 어떤 사업을 시작할지 고민한다. 밤새 토론하지만 마땅히 이거다 하는 것이 떠오르지 않는다.

"수박 사세요. 맛있는 수박이요. 달콤한 수박이 왔어요. 먹다가 죽어도 후회하지 않을 수박이 왔습니다. 수박 사세요. 맛있는 수박이요. 달콤한 수박이 왔어요. 둘이 먹다가 하나가 죽어도……"

오늘은 수박 파는 트럭이 확성기를 틀고 동네를 돌아다니는 바람에 잠에서 깬다. 영현과 광현은 이제는 이런 소음 정도는 아무렇지도 않다.

"광현아 차라리 밖에 나가서 돗자리 깔고 자자."

"그래, 나가자."

영현은 옷을 입기 위해 옷장을 뒤적거린다. 옷은 있는데 입을 옷이 없다. 이상한 논리다. 있는데 없다.

"광현아, 뭘 입어야 할지 모르겠어."

"나도 맨날 아침마다 그 고민한다."

"잠깐만."

"어?"

"그거?"

영현은 잠시 생각하다가 말한다.

"우리가 가지고 있는 옷을 사진으로 찍어서 앱에 올리면, 앱은 우리가 무슨 조합으로 입어야 할지 요일별로 알려주는 거야. 거기에서부터 시작하는 거지."

"하나씩 적어보자. 가만, 근데 우리 돈이 없잖아."

"그러네. 아파트 사는데 다 썼지."

"벤처 투자사 미팅 잡을게."

일주일 뒤, 벤처 투자사와의 미팅 날이다.

"정장 입고 갈까?"

"아니. 싫어할걸. 스타트업은 왠지 후드티를 입어야 할 것 같은데."

"그래. 공대생스럽게 후드티 입자."

"그런데 우리가 하려는 게 패션 어플리케이션인데 약간의 패션 센스는 있어 보여야 하지 않을까?"

"어쩔 수 없다. 만능 해결사 흰 티에 청바지를 입는 수밖에."

두 청년은 흰 티에 청바지를 입고 미팅을 간다. 투자 담당자 3명 앞에 앉는다.

"네, 소개해보세요."

영현이 일어난다. 파워포인트 없이 그냥 프레젠테이션을 한다.

"안녕하세요. 옐로 브로콜리 공동대표 영현입니다. 많은 사람들이 하루를 두 가지 고민으로 시작합니다. '일어날까 말까' 그리고 '오늘은 무슨 옷을 입어야 하나'. 그 고민 중 저희가 해결하고자 하는 고민은 '오늘 뭐 입지'입니다. 우선 자신이 가진 옷들을 사진으로 찍어 앱에 등록하면 인공지능이 날씨 정보를 요일별, 시간별로 파악하고, 핸드폰에 등록된 스케줄과 연동하여 일정에 맞는 의상으로 조합하여 제안합니다."

광현은 흡족한 미소를 지으며 연신 코를 비벼대고 있다.
영현은 그 손 좀 내리라는 눈짓을 보낸다.

담당자가 말한다.

"사진 찍는 것부터가 귀찮을 것 같은데요."

"자신의 옷 사진을 찍어서 업로드 하는 자체로 포인트
가 적립됩니다. 그 포인트가 적립되면 등록된 패션 브랜드
의 옷을 쇼핑할 수 있습니다. 그리고 앱이 추천한 대로 입
고 인증샷까지 올리면 추가 포인트가 적립됩니다."

"앱이 입으라는 대로 안 입으면요?"

"다른 조합으로 입어도 상관없습니다. 간단하게 몇 번만
클릭하면, 앱이 추천한 대로 입지 않은 이유에 대한 데이
터를 수집합니다. 물론 포인트도 적립이 됩니다."

"그렇군요. 수익모델은 뭐죠?"

"체형을 수치로 입력하여 개개인의 아바타를 생성할 수
있습니다. 자신이 소유한 옷뿐만 아니라 앱 안에서 추천해
주는 옷들 중에 '좋아요'를 누른 제품들을 클릭해서 입혀
볼 수 있습니다. '좋아요'를 누르지 않는 사람들, 처음 시작
하는 사용자들, 무슨 옷을 입어야 할지 모르는 사용자들
에게는 상단에 추천할 만한 옷들이 쭉 뜨게 됩니다. 상의
6개, 하의 6개가 우선 뜨는데요. 그중 반은 광고주들 제품
이고, 나머지 반은 인공지능 분석에 의한 추천순으로 뜨

게 됩니다. 광고주 제품뿐만 아니라 어떤 제품을 구매하더라도 일정 수수료를 받게 되어 있습니다."

"그게 이론상으로는 그럴싸해 보이긴 하는데요……."

영현은 레나가 한 말이 생각난다.

'미래에서 볼 수 있는 물건들은! 오늘날의 말도 안 되는 미친 상상 속에 존재하는 물건들이지!'

"미래에서 누릴 수 있는 것들은 오늘날의 상상 속에 존재하는 것들이라고 생각합니다."

'미친'이라는 단어를 쓸까 말까 하다가 뺐다. 역시 나는 쫄보다.

담당자는 영현을 바라보며 묻는다.

"현재 몇 명이 가입되어 있죠?"

"아직 개발하지 않았습니다."

"아직 개발된 게 아닌가요? 저희는 어느 정도 초기 단계까지 진행된 곳에 투자합니다."

"옐로 브로콜리는 캄페르노라는 독일 캠핑 브랜드를 유통해왔고, 동영상 컴피티션 리워드 플랫폼으로 꾸준히 성장해왔습니다. 아무것도 없는 상태에서 투자를 제안 드리기가 조심스럽습니다만, 충분히 가능성 있다고 생각합니다."

"앱 이름은 정했나요?"

"'픽션'입니다. 옷을 고른다는 의미의 '픽(pick)'과 패션의 '션(shion)'을 합친 말입니다."

"픽션……. 네, 알겠습니다. 내부적으로 결정한 후에 연락드릴게요."

두 청년은 집으로 돌아간다. 오늘도 달이 떠 있다.

"광현아, 나 어렸을 때 아빠가 나한테 했던 질문이 있어."

"무슨 질문?"

"'달에는 누가 살까?'라고 물어보셨어."

"달에는 암스트롱이 살지. 앗, 노잼이다. 미안. 뭐라고 대답했는데?"

"속으로는 달토끼가 살지도 모른다고 생각했는데, 입으로는 그런 게 어딨냐고 말했지."

"푸하하, 뭐야. 아저씨는 뭐라고 하셨어?"

"아빠는…… 달에는 너희 아버지가 산다고 하셨어. 아무리 손을 뻗어도 닿을 수가 없다고……."

"……그랬구나."

"그런데 아빠는 손만 뻗으셨지, 날아오르기 위해 도움닫기조차 안 하셨던 거야. 그런데 우리는 열심히 달리고 있잖아?"

광현은 대답 없이 듣고만 있다.

영현은 하늘을 밝히고 있는 노랗고 동그란 구슬을 바라보며 차분하게 말한다.

"그 뜻은 우리도 저 달에 충분히 닿을 수 있다는 얘기지. 그런데 요즘 아빠가 조금 달라지셨어."

———

명절이다. 광현은 오랜만에 부모님 댁에 간다. 부모님의 초호화 레지던스는 술 취한 할아버지들이 대낮부터 고성을 지르는 빌라촌 원룸과 비교된다. 어릴 적 보던 천체망원경은 그대로 있다.

"아버지, 저 왔어요."

"왔구나. 할머니 뵈러 가자."

들어오자마자 다시 나간다. 지하 주차장으로 간다. 수퍼카들이 즐비하다. 모터쇼보다 더 화려하다. 저쪽에 아버지의 은색 제네시스가 보인다. 아마도 여기 있는 차 중에서 가장 저렴한 차일 것이다.

광수, 광수의 아내, 광현은 차에 탄다. 할머니가 계신 요양병원으로 간다.

"아버지, 아버지는 왜 좋은 차 안 타세요?"

"이 차가 어때서 그러니?"

"이 정도면 좋긴 하지만 그래도 더 좋은 차 타실 수 있잖아요."

"예를 들면 어떤 차?"

"음…… 롤스로이스라든지……."

"언제든지 살 수 있어서 별 흥미가 느껴지지 않는구나."

"네에?"

"네가 유치원 때 변신로봇 장난감을 선물로 받으면 기뻐하던 게 아직도 눈에 선하다."

"무슨 말씀이세요?"

"지금도 그 변신로봇이 가지고 싶니?"

"아니요."

"왜지?"

"그야…… 지금은 필요 없기도 하고 관심도 없고……."

"그래."

"아버지도 그 이유인가요?"

"맞아. 그때는 네가 그 장난감을 좋아하기도 했지만 살 돈이 없었기 때문에 더 가지고 싶은 욕구가 컸던 거야. 그런데 지금은 네 돈으로 장난감 가게에 가서 사면 그만이 잖니. 그렇기 때문에 흥미가 떨어진 거란다."

"그렇군요."

롤스로이스를 변신로봇 장난감과 비교를 하시다니…… 흠.

서울 하늘을 지탱하는 고층빌딩들이 보인다. 시간이 지날수록 건물의 밀도가 낮아진다. 하늘이 점점 넓게 보인다.

창밖으로 스쳐 지나가는 나무들을 바라본다. 그 뒤에 보이는 푸른 산을 바라본다. 멀리 있는 산을 바라보고 있으니 가까이 있는 나무가 보이지 않는다. 자동차 통행량이 점점 줄어드는 만큼 속도는 빨라진다. 속도가 빨라져도 해는 그대로 떠 있다.

투자, 사업, 그리고 인생이 그렇듯이…….

요양병원에 도착한다. 광수가 조용히 말한다.

"네 할머니는 우리 집에 있는 것을 불편해하셨어. 나는 끝까지 모시고 싶었지만 할머니가 여기서 지내는 게 더 편하다고 하셔서 여기로 모셨어. 부모 마음은 다 똑같단다."

광현은 그동안 못 만났던 할머니를 오랜만에 뵙는다. 생각보다 건강하시다.

"할머니!"

"아이고, 우리 예쁜 강아지. 더 컸네."

할머니는 광현의 손을 꼭 잡으며 어린아이 같은 표정과 반짝이는 눈으로 손주를 바라본다.

"고맙다. 고맙다. 이렇게 건강하게 자라줘서 고마워."

"할머니, 자주 못 와서 죄송해요."

"에이, 그런 소리 마라. 이렇게 와준 것만으로 고마워. 우리 강아지."

할머니 앞에서는 정말로 어린 강아지가 된 것만 같다. 부모님께 못 부렸던 온갖 투정을 할머니께 부렸던 기억이 떠오른다. 조금 컸다고 부모님보다 더 사랑을 많이 주신 할머니를 친구들 뒷전으로 미뤄두었다. 후회된다.

광현은 할머니의 휠체어를 민다. 요양병원 뒤에 있는 정원을 산책한다. 파릇파릇한 봄날의 나무에서 뿜어져 나오는 향기가 할머니와 광현을 감싸 안는다.

"밥은 드실 만하세요?"

"잘 나오지. 요즘 이 할미 살찐 거 봐라."

"하하, 다행이네요."

"광현이는 행복해?"

"네?"

"행복하게 살고 있는지 이 할미가 궁금해서."

광현은 대답을 못 하고 있다가 할머니가 걱정하실까 봐 일단 대답을 한다.

"그럼요. 행복하죠. 하하하."

"그래, 행복하게 살아야지. 우리 예쁜 강아지."

광현은 문득 궁금증이 생긴다.

"할머니, 할머니는 살면서 후회하시는 게 있어요?"

"하하, 광현이도 다 컸네. 그런 질문도 하고."

"그냥…… 궁금해서요."

"있고 말고."

할머니는 한 박자 쉬었다가 대답한다.

"너무 걱정만 하면서 살았던 게 후회가 되네. 늘 최악의 경우만 생각했지. 그게 위기에 대처하는 현명한 방법인 줄 알았어. 광수가 교통사고라도 나면 어쩔까, 밥을 굶고 다니면 어쩔까, 사업이 망하면 어쩔까, 이상한 여자랑 결혼하면 어쩔까. 이런 걱정들이 내 모든 생각들을 마비시키고 내 행동들을 묶어버렸더구나. 실제로는 이렇게 착하고 예쁜 며느리가 있는데 말이야."

광수 아내의 얼굴에 연분홍빛 미소가 번진다.

할머니가 말을 잇는다.

"또 남을 미워하는 데 너무 많은 시간을 썼던 것 같아. 남을 미워할 시간에 나를 더 사랑하고, 나를 아껴주는 가족들과 친구들을 사랑하는 데 시간을 썼다면 더없이 행복했을 거야."

"할머니는 저를 많이 사랑해주셨잖아요. 지금도 그렇고요."

"광현이 네가 그렇게 말하니 이 할미는 너무나 행복하

구나."

할머니는 침을 꿀꺽 삼키고 말을 이어간다.

"주변 사람들을 미워하면서도 동시에 잃는 것을 두려워하기도 했지. 모두에게 인정받고 만족시키기 위해 나를 잃어버리고 있다는 것을 모를 때도 있었어. 바보처럼."

광현은 대답없이 묵묵히 휠체어를 민다.

"이 할미는 하고 싶은 것들이 있었는데 하지 못했어."

"뭘 하고 싶으셨는데요?"

"드럼을 배우고 싶었지."

"드럼이요?"

지금의 할머니와 드럼은 어울리지 않는 것 같다.

"할미가 어릴 때 좋아하던 가수가 있었는데 그 밴드에서 드럼 치는 사람이 너무 멋있었던 거야. 그래서 드럼을 배워보고 싶었는데 자식 키워야 한다는 핑계, 여자가 무슨 드럼이냐는 핑계, 드럼 쳐봐야 무슨 돈이 되겠냐는 핑계…… 온갖 핑계들을 대고서 배우지 않았지. 그게 아직도 너무 후회가 남아. 광현아, 너는 네가 배워보고 싶은 것이나 해보고 싶은 것은 반드시 지금 하려무나. 나이가 먹으면 먹을수록 시도하기 어려워져. 머릿속에 계속 맴도는 것이 있다면 꼭 했으면 좋겠어. 진심으로 하고 싶었던 것을 안 하고 이 할미처럼 늙어버리면 후회가 아니라 일종의 고통으로 남는단다."

"할머니……."

"그래도 이렇게 훌륭한 아들과 며느리, 그리고 손주가 있으니 얼마나 좋아. 그걸로 됐어."

광현의 눈가에는 촉촉한 이슬이 맺혀 있다. 하늘을 쳐다보면서 눈을 깜빡인다.

"할머니가 간장 한 숟갈 떠서 달걀프라이랑 밥이랑 비벼주신 게 너무 먹고 싶어요. 저는 그거 먹을 때가 제일 행복했어요."

"이 할미는 맛있게 먹는 광현이를 보는 게 행복했단다. 그거면 된 거야. 할미와 광현이의 공통된 기억. 그 무엇보다 소중해."

"인생은 정말 짧은 것 같아요. 시간이 이렇게 빠르게 지나가다니요."

"광현아, 이 할미 말 잘 듣거라. 사실 인생은 길단다. 다만 낭비하는 시간이 많기 때문에 빠른 것처럼 느껴지는 거야."

풀밭의 잔디가 가벼운 바람에 흔들린다. 휠체어 옆에서 걷던 광수가 말한다.

"어머니, 전에 말씀드렸던 그 미술작가 말이에요. 어제 만났어요."

"네가 만든 걸로 상을 탔다는 그 사람 말이니?"

"네, 맞아요."

"무슨 일로 만났니?"

• • • "작가님, 혹시 작가님의 첫 작품 기억하시나요?"

"네, 그럼요. 저를 이 자리에 있게 해준 작품이지요."

광수는 "어디서 구하셨나요"라고 물어보면 무례할 것 같아서 조심스럽게 질문했다.

"어떻게 만드셨는지 여쭤봐도 될까요?"

"사실 제가 만든 게 아닙니다. 어떤 골동품 가게에서 발견해서 페인트칠을 한 겁니다."

"왜 그 골동품을 선택하셨습니까?"

작가는 잠시 생각하더니 대답했다.

"저는 혁신적인 무언가를 찾으러 다녔습니다. 1년 동안 전국을 돌아다녔어요. 그런데 우연히 들어간 골동품 가게에서 그 물건을 보고는 이것보다 창의적인 것은 없다고 생각했습니다. 그래서 그것을 신인 공모전에 출품하게 된 거죠."

"어떤 점이 그렇게 특별했던 걸까요?"

"보통 아주 유용한 것들을 합치기 마련이잖아요. 쓸데없는 것 두 개가 합쳐져 있는 게 저에게는 다른 의미로 다가왔습니다."

"무슨 의미인지 말씀해주실 수 있나요?"

"작품 이름을 '마이너스와 마이너스의 연결'이라고 지었습니다. 나름 그림 좀 그린다고 해서 미대를 갔지만 정말 뛰어난 친구들이 많아서 우울한 상태였어요. 남들은 다 잘났는데 왜 나만 이 모양 이 꼴일까 생각했죠. 그런데 저만 이런 생각을 하는게 아니라 많은 사람들, 아니 아주 많은 사람들이 다들 자기 비하에 빠져 산다는 것을 알게 되었습니다. 누구나 장점이 하나씩은 다 있는데 우리는 왜 이렇게 살까 생각하다가, 혹시 남이 봤을 때 나에게도 어떤 장점, 진짜 조그만 장점 하나는 있지 않을까 이런 고민들을 했던 거죠. 그 골동품들의 조합에서 그걸 봤어요. 작품 설명에 '우리는 하찮은 존재인 것 같지만 조금만 변화를 주면 그 무엇이든 해낼 수 있다'라고 딱 한 줄만 써냈거든요. 그런데 그걸로 신인상을 받게 될 줄이야…… 참 놀랍죠. 남들이 온갖 미사여구에 철학적인 말들을 늘어놓은 것을 보고 그때조차 '나는 틀렸다'라고 생각했었거든요. 지금 돌이켜보면 참 웃기죠."

"그런 사연이 있으셨군요."

"그런데 저를 만나자고 한 이유가 있으신가요?"

"작가님을 뵙자고 한 이유는…… 사실 그 골동품은 제가 만든 겁니다."

"네? 아니 어떻게…… 혹시……."

"제 부모님이 골동품 가게 주인입니다."

작가는 당황스러움과 반가움의 중간 정도의 표정으로 광수를 바라보며 사과했다.

"혹시 기분 나쁘셨다면 죄송합니다."

"아닙니다. 버려질 것을 세상 밖으로 내보내주셨으니 제가 감사드립니다. 작가님을 뵈러 온 이유는 사옥 앞쪽에 설치할 조형 작품을 의뢰하고 싶어서입니다. 혹시 이 시대를 살아가는 사람들에게 힘이 되어줄 만한, 또는 변화가 필요한 사람들에게 용기를 줄 만한 그런 작품을 만들어주실 수 있겠습니까?"

의외의 제안에 작가는 잠시 생각하다가 힘차게 고개를 끄덕이며 말했다.

"네. 해보겠습니다." • • •

나의 돈 많은 고등학교 친구

오전 4시 30분. 광수는 세수를 하고 서재로 간다. 스피커의 '온' 버튼을 누르고, '플레이' 버튼을 누른다. 프란츠 리스트의 〈위안 2번 마장조〉가 새벽의 공기를 채운다.

책상 위에 있는 부모님 사진을 바라본다. 노트를 펴고 연필을 깎는다. 그 연필깎이는 광수가 부모님에게 처음으로 받은 선물이었다. 어렸을 때 다른 선물들을 받았겠지만 광수가 스스로 선물이라고 의미를 부여한 것은 이 연필깎이가 처음이다. 잘 다듬어진 연필을 잡고 그리고 싶은 것들을 그려본다.

오전 6시. 양손으로 블라인드 틈을 벌려 일출을 바라본다. 그 틈 사이로 조심스레 스며든 빛이 적당한 온도를 말해준다.

오전 4시 30분. 영철은 출근한다.

차라라라락.

가게의 셔터를 올린다. 흰색 바탕의 간판에는 검은색 글씨가 단아하게 써 있다.

식투더빵

위생 모자와 마스크를 쓰고 위생 장갑을 낀다. 어제 숙성시켜놓은 반죽 트레이를 꺼낸다. 커다란 푸딩 같은 반죽을 길게 늘어뜨리고 탁탁 치면서 가스를 빼내고 반으로 접고, 또 접는다. 반죽 기계에 넣는다. 반죽이 끈적하게 돌아가는 동안 영철이 개발한 재료들을 넣는다.

반죽을 꺼내 식빵 트레이에 넣는다. 총 6가지 맛이다.

얼그레이 10개, 바질치즈 10개, 블루베리 10개, 옥수수 10개, 통곡물 10개, 갈릭크렌베리 10개.

총 60개이다.

오늘은 단체 주문이 있는 날이다. 바쁘고 힘들지만 즐겁다.

오전 8시. 가게 문이 열린다.

딸랑딸랑.

작은 종 세 개가 부딪히며 맑은 소리를 낸다.

"어서 오십쇼!"

영철이 활기차게 인사한다.

"영철 사장님, 굿모닝!"

광수가 손바닥을 활짝 펴고 가볍게 흔든다.

영철은 오븐에서 식빵을 꺼낸다.

갓 나온 식빵이다.

우아한 볼륨감이다.

뽀얀 연기가 솔솔 올라오는 모습이 살아 호흡하는 것만 같다.

"주문한 것들 준비 끝!"

"감사합니다! 사장님! 맛있게 잘 먹겠습니다!"

8시 30분. 영철은 '당일생산 당일판매'라고 적힌 종이봉투에 식빵을 채워 건넨다.

광수는 두 손 가득 종이봉투를 들고 회사로 간다.

직원들과 가벼운 인사를 주고받는다.

탕비실 선반에 식빵들을 올려놓는다.

커다란 통창을 지나 부드러운 아침의 햇살이 들어오는 사장실로 간다.

노트북을 펼친다.

검은색 모니터에 얼굴이 비친다.

전원 버튼을 누른다.

바탕화면이 뜨면서 얼굴이 사라진다.

오후 6시. 영철은 새로 지은 광수네 회사의 신사옥으로 간다. 비서의 안내를 받아 사장실로 들어간다.

"오늘 재료 전부 소진되서 일찍 문 닫았어."

"축하해."

"고마워. 직원들은 맛있게 먹었어?"

"점심시간에 밥 안 사먹고, 우유랑 식빵 먹더라. 다음부터는 더 사다 놓아야겠어. 매일 새벽부터 힘들지 않아?"

"힘들긴. 재밌지. 얼마 전까지만 해도 적자였는데 이제야 조금씩 벌고 있어. 살이 5킬로그램이나 빠졌지 뭐야."

수척해진 영철의 얼굴에 미소가 떠오른다.

"처음에는 내가 하루에 몇 시간 일하는지도 몰랐어. 그렇게 몇 달을 하다 보니까 몸에서 신호가 오더라고. 이러다가는 죽겠다고. 다행히도 그때쯤에 레시피가 완성되어서 일하는 시간을 줄일 수 있었지. 지금은 컨디션이 아주 좋아."

"다행이다. 건강도 잘 챙기면서 해. 오늘 재료가 모두 소진되었다니 내가 다 행복하다."

영철은 창밖을 바라보며 말한다.

"네가 개업 초반에 단체 주문을 안 해줬으면 임대료도 못 내고 벌써 망했을 거야."

"난 네가 잘할 줄 알았어. 그리고 네 빵이 최고로 맛있어. 비법이 뭐야?"

"가게 오픈하고 석 달쯤 지났을 때, 영현이가 예전에 너랑 갔던 식당이 있었다고 나를 데리고 갔어. 제육덮밥과 치킨덮밥 파는 곳. 건물 전체를 쓰는데 줄을 서 있더라고."

"거기 갔었구나."

"영현이가 사장님을 아는지, 나에게 인사를 시켜주면서 '저희 아버지가 식빵 가게를 하고 있는데 장사가 잘 안되어서요. 마케팅이 문제인가요?'라고 했더니 '손님의 만족이라는 본질에 집중하면 마케팅은 저절로 돼요'라고 하셨지. 그때 네가 말했던 투자의 본질, 자산의 본질이 딱 생각났어. 역시나 '찐'은 본질에 있는 거였어."

"식투더빵의 본질은 뭔지 궁금한데?"

"처음에는 예쁘고 맛있고 보기 좋게만 만들려고 했는데 그게 본질이 아니었던 거야. 딱 세 개만 신경 썼어. 가격, 맛, 낮은 칼로리. 그래서 설탕을 아예 안 넣는 것을 시작으로 재료 배합과 발효에 집중했지. 결국에는 완성되더라. 수백 개도 넘게 버린 거 같아."

"보통 칼로리가 낮으면 맛이 없는데 그걸 잡은 거네. 대단하다."

"사람들은 빵을 좋아하는데 살이 찐다는 게 불만이잖

아. 빵 없이 못 살던 내가 그랬거든."

"그래서 우리 직원들이 아무리 그 빵을 많이 먹어도 살이 안 찌는구나. 하하."

영철은 광수 사무실에 있는 난초를 바라보며 말한다.

"솔직히 회사 다닐 때는 네가 나한테 무슨 말 하는지 이해가 안 갔어. 이제야 이해가 가. 자산에 관해서, 투자에 관해서, 돈에 관해서, 부에 관해서. 비록 지금 가진 건 아무것도 없지만, 할 수 있을 것 같아."

"넌 임원까지 했던 사람이잖아. 잘할 수 있어."

"내가 임원이 됐다는 발표가 났을 때, 솔직히 영현이가 태어났을 때보다 더 기뻤어. 그런데 말이야, 이런 난초가 가득한 개인 사무실이 생기고 그 안에 있으니까 숨이 턱턱 막히더라."

"왜 그랬을까?"

"'이제는 내려갈 일만 남았다'라는 생각뿐이었어. 참 이상하지. 그토록 원하던 자리였는데, 그게 전부이자 결실이었는데 다시 돌아가고 싶었어. 난초를 보면서 '난초와 같은 방에 있는 것도 그릇의 크기가 돼야 가능한 건가' 생각했지. 결국 1년 만에 계약해지 당한 날, 영현이를 꼭 안아줬어. 너무 미안했거든. 회사 다닐 때 내가 제일 잘했던 게 뭔 줄 알아?"

"임원까지 했으니 일도 잘했을 거고 상사 기분도 잘 맞춰줬을 테고."

"그것도 맞긴 한데 지금 생각해보니까 제일 잘했던 건 근무시간 8시간 동안 해야 할 일을 2시간 만에 끝내버리는 것. 웃기지? 나머지 6시간은 언제 집에 갈까, 아내한테 무슨 핑계 대고 친구들 만날까, 휴가는 언제 쓰고 어디로 갈까, 이런 생각만 했어. 아휴 참, 부끄럽다. 예전에 네가 시간이 돈만큼 중요하다고 했잖아. 이제야 그 뜻을 이해했지 뭐야."

"그랬구나."

"어제 남은 반죽은 냉장고에 넣어두었다가 오늘 쓸 수 있고, 오늘 써야 할 반죽이 부족하면 내일 쓸 것을 당겨쓸 수도 있지만 시간은 그럴 수가 없었어. 그래서……."

"그래서?"

"바로 지금 이 순간을 즐기면서 몰입하는 중이야."

진한 미소와 눈빛으로 영철을 바라본다.

"멋져. 진심 멋져."

광수는 영철이 지니고 있던 원석이 비로소 조금씩 다듬어져가고 있음을 직감한다. 다듬어진 부분에서 미세한 빛이 새어 나옴을 느낄 수 있다.

"나도 처음 몇 년간 사업이라는 일이 나를 소유하고 지

배했어. 모든 것을 걱정했던 전 회사 사장님과 다를 바가 없었지. 내일은 무슨 일이 벌어질까, 혹시나 사고가 있지는 않을까, 소송이 걸리진 않을까, 돈을 못 받는 건 아닐까, 콘크리트 품질이 떨어지지는 않을까. 그러면서 잊지 않았던 게 있었어."

"뭔데?

"나는 할 수 있다. 나는 할 수 있다. 이 어려운 순간들은 내 잠재력에 비하면 아무것도 아니다. 이런 생각."

영철은 생각한다.

나는 할 수 있다. 꿈이란 더 이상 어려운 과제가 아니다.

절대 이룰 수 없을 것 같았던 간절한 꿈, 뭉클한 꿈에 한 발짝 가까이 다가갈 수 있을 것 같다. 진정한 인생의 의미를 떠올리는 것만으로도 가슴이 벅차오른다. 순수했던 어린 시절의 뜨거웠던 열정을 떠올리며, 두려움을 밀어내고 더 많은 이야기를 써내려 갈 수 있을 것 같다.

광수의 책상 위에는 신문이 펼쳐져 있다. 옐로 브로콜리의 광현, 영현 대표의 인터뷰가 주요 기사로 올라 있다.

"회사 이름이 참 독특한데요, 무슨 뜻인가요?"

"지금의 저희를 있게 한 캄페르노 대표님이 지어주셨어요.

그때 저희가 노란색 뽀글이 가발을 쓰고 같이 박람회에 갔었거든요."

"독특하네요. 네, 그럼 본격적으로 차기 사업 모델에 대해 이야기를 나눠보도록 하겠습니다."

"영철아, 우리 애들이 이렇게나 컸다."

"세월 참 빨라."

"참, 사옥 지을 때 네 팀장이었던 사람 있잖아. 얼마 전에 봤어."

"갑작스럽게 정리 해고 당하고 어디 갔는지 궁금했는데. 어디서 봤는데?"

"어제 갔던 식당에서 발렛 주차를 하고 있었어. 잠깐 눈이 마주치긴 했는데 모른 척했지."

"정말? 와…… 상상도 못 했네. 회사에서 꽤 인정받았던 사람인데 해고 대상자가 돼서 의아하긴 했거든."

"다 자업자득 아니겠어. 우리는 선택과 결정을 할 수 있는 자유가 있고, 책임은 스스로가 지는 거지."

갑자기 영철은 사옥을 지을 때 소장님과 나눈 대화가 생각난다.

'저는 희망을 짓습니다.'

"광수야, 너는 건축가잖아. 뭘 짓는다고 생각해?"

"나? 하하, 좀 이상하게 들릴 수 있는데 나는 희망을 지어."

같은 것을 짓는다.

"그리고 위대함보다는 온전함을 지어. 정확히 말하면 그 온전함을 가진 희망이지. 학교를 짓는 것은 아이들의 희망과 교육의 온전함을 짓는 것이고, 회사를 짓는 것은 직장인들의 희망과 경제의 온전함을 짓는 거라고 생각해."

광수는 신문에 인쇄된 두 청년이 웃고 있는 사진을 보면서 말한다.

"이 아이들에게 한계를 정하지 말라고 했지만 나는 내 한계를 스스로 정해버린 것 같아."

"무슨 말이야? 이렇게 성공해놓고."

"해외라는 곳은 나에게는 부담이었어. 내가 하는 모든 건설, 유통, 투자는 미국 주식을 제외하고 전부 국내에서 이뤄지거든. 하지만 나는 영현이와 광현이가 국가라는 경계 없이 자유롭게 꿈을 펼쳤으면 좋겠어."

"기부 플랫폼은 잘돼가? 모르는 사람이 없을 정도로 유명해진 만큼 수익이 꽤 났겠는데?"

"순항 중이야. 이 플랫폼의 운영자금도 모두에게 공개하고, 서버 관리비와 인건비를 제외한 나머지 순이익은 다시 자동으로 기부하도록 해놨어. 남는 건 하나도 없어."

"이제야 말하는 건데, 나 옛날에 루바였나 루나였나, 아무튼 그거 폭락하고 한강 다리에 갔었어. 뛰어내리려고 간 건 아니고, 사람들이 이래서 가는구나 하는 그런 기분을 느껴보고 싶었어. 그때는 다 남 탓만 했어. 나는 피해자다, 나는 아무런 잘못이 없다, 내 책임이 아니다. 이런 피해 의식을 도구로 사용하면서 스스로 책임을 지지 않고 문제를 피하려고만 했어. 남 탓을 하니까 편하고, 덜 고통스럽고, 이런 처참한 환경에서 살고 있다는 것 자체가 대단하고, 불쌍하다는 동정심까지 생겼어. 그랬던 내가 너무 미운 거 있지? 내 자아는 쪼그라들고 있는 줄도 몰랐거든."

"짜식…… 그랬었구나."

"내가 전에 말했던 그그세계 기억나?"

"그럼. 나도 네 말 듣고 나만의 그그세계에 대해 생각해 본 적이 있는걸. 왜?"

"그그세계는 저 멀리 떠 있는 달나라인 것 같았어. 이미 지나가버린 시간, 돌이킬 수 없는 선택. 하지만 과거의 후회를 남겨두며 그그세계가 현실 세계보다 커져버리는 것을 내버려두기보다는 차라리 그그세계로 뛰어드는 것도 괜찮은 방법이라는 것을 알았지."

"그래서, 뛰어들어가서 느낀 그그세계는 어때?"

"생각한 것보다 아름답지는 않아. 또 다른 그그세계가 생길 것 같을 때도 있는데 분명한 건 하나의 온전한 인간으로서 살아가고 있음을 경험하고 있어."

영철은 광수의 가방에 꽂힌 드럼 스틱을 본다.

"드럼 배워?"

"아니. 어머니께 가져다드리려고."

"⋯⋯어? 너희 어머님은 얼마 전 하늘에⋯⋯."

"응. 어머니가 품고 계시던 작은 소망을 하늘에서라도 도전해보시라고. 올해는 추모공원에 꽃과 함께 드럼스틱을 가져다드리려고 해."

"분명히 행복해하실 거야."

두 남자는 드럼스틱을 잠시 바라보다가 통창에 펼쳐진 풍경을 바라본다.

쾌청한 날씨에 멀리까지 또렷하게 보인다.

"날씨도 좋은데 걸을까?"

광수와 영철은 회사 밖으로 나간다. 거대한 조형물이 있다. 영철은 어디선가 본 듯한 느낌에 가까이 가서 자세히 본다.

"광수야⋯⋯ 혹시 이거⋯⋯."

"맞아. 어머니가 아버지 곁으로 떠나시고 골동품 가게를 어떻게 정리할까 생각하는데, 마침 작가님이 여기 있는 것들을 써도 되냐고 묻기에 다 쓰시라고 했지."

"그것들을 다 붙여서 만든 거야?"

"나도 이렇게 만들어질 줄은 정말 몰랐어. 역시 예술가는 달라."

작품 옆에 조그만 대리석에는 작품 소개가 쓰여 있다.

작품명: 플러스와 플러스의 연결

작품 설명: 모든 인간들은 스스로를 마이너스 존재로 평가합니다. 하지만 마이너스는 마이너스를 찾으려고 애쓰는 마음의 일부일 뿐 사실 우리 모두는 플러스인 존재입니다. 혹시 자신의 작디작은 단점을 찾아내어 크게 보고 있다면 오늘부터라도 자신만의 아름다운 장점을 찾아 플러스의 존재로 활짝 피어나기를 바랍니다. 더불어 당신 옆에 있는 플러스의 사람과 함께라면 더없이 눈부신 날들이 펼쳐질 것입니다.

살랑살랑 미풍이 불고 있는 거리에는 밝은 템포의 재즈가 흘러나오고 있다. 걷다 보니 캐리커처 그리는 사람들이 있다. 포인트만 딱 잡아서 그린다. 과장된 표정이 만화처럼 보인다. 그중에 과하지 않게 그리는 중년의 화가가 있다.

"영철아, 우리도 그려달라고 하자!"

"좋지!"

식투더빵 3호점까지 냈다. 재미있다. 행복하다. 살아 있음을 느낀다.

책상 서랍 속에는 레시피가 담긴 수첩들이 가득하다. 어찌 보면 '실패 일지'에 가깝다. 한 장 한 장 넘겨본다.

광수가 해준 말들이 적혀 있다. 그중에 여러 번 적은 단어가 보인다.

관조적 태도, 관조적 시선, 관조적 삶

한 장 더 넘겨본다. 밑줄도 여러 번 그은 문장이 나온다.

목표란 '부자' 그 자체가 아닌 '부자가 될 수 있는 사람'이 되는 것

부자가 될 수 있는 사람이 되기 위해 무엇을 먼저 줄 수 있을지 고민하고 내면의 힘을 기르며 분투했던 나날들이 떠오른다. 되돌아보니 참 많은 일들이 있었다.

이 세상에는 이해할 수 없는 일들이 가득하고, 그런 일들이 벌어지는 이유 또한 가득하다. 혼란, 좌절, 공포, 슬픔, 실패 속에서도 분명한 것 하나는 계속 전진하다 보면 따뜻한 내일이 온다는 사실이다. 수동적으로 끌려가며 매

몰되어가는 삶의 패턴에서 벗어나 자율적으로 시간을 배분하고 감정을 다스리고 있음을 느끼고 있다. 그런 자신이 꽤 괜찮은 사람이라고 생각한다. 남은 오늘 하루도 꽤 괜찮은 사람이 되고 싶다.

천장 코너에 자리 잡은 스피커에서 흘러나오는 쇼팽의 〈폴로네이즈 영웅〉이 오븐에서 뿜어져 나오는 고소한 내음과 함께 어우러져 뜨거운 설렘의 형태로 식투더빵 매장을 가득 채운다.

에필로그

영철은 그동안 열어보지 않았던 주식 앱을 살포시 누른다. 오랫동안 사용하지 않아 업데이트를 해야 한다. 1분간의 업데이트가 끝나고 본인 인증을 한다. 두근거리는 마음으로 '나의 자산 목록'을 누른다.

종목명 : 루나바이오헬스케어

수익률 : -68%

이제는 보내줘야 할 때다.

잘 가라.

너무 늦게 놔줘서 미안하다. 너에게도 나에게도.

'전량매도'를 누른다.

후련하다.

적적함에 텔레비전을 켠다.

단발머리 아나운서가 또박또박 말한다.

"속보입니다. 우리나라 기업 루나바이오헬스케어에서 탈모 치료제를 17년 만에 완성했습니다. 1천 명이 지원한 공개 임상실험에서 바르기만 하면 일주일 내로 모발이 자라는 효과를 입증했습니다. 루나바이오헬스케어는 국내 상장 준비를 앞두고 있으며 구글을 비롯한 세계 유수의 기업들이 투자를 확정한 상태입니다. 과거 주가 조작 및 사기 루머에 휩싸였었지만 연구진의 포기하지 않는……."

텔레비전을 끈다.

"이런 식……빵……."

잠시 후, 영철은 의미를 알 수 없는 미소를 짓는다.

본문에 나오는 클래식 음악은 각 상황의 분위기, 시간, 대화 주제에 자연스럽게 스며들 수 있는 곡으로 선곡하였습니다.

마지막 곡인 쇼팽의 〈폴로네이즈 영웅〉은 조성진 피아니스트 버전으로 감상해주시기를 부탁드립니다.

- **광수네 집** | 쇼팽 〈피아노 협주곡 2번 2악장 라르게토〉
- **한남동 갤러리** | 슈베르트 〈아르페지오네 소나타 A단조〉
- **치킨캐슬 덮밥 식당** | 클로드 드뷔시 〈달빛〉
- **결혼식장** | 바흐 〈G선상의 아리아〉
- **속초 캠핑장 모닥불 앞에서 1** | 차이코프스키 〈호두까기 인형〉 중 〈Departure of the Guests - Night〉
- **속초 캠핑장 모닥불 앞에서 2** | 브람스 〈클라리넷 5중주 B 단조, Op. 115〉
- **새벽 시간의 광수 서재** | 프란츠 리스트 〈위안 2번 마장조〉
- **식투더빵 매장 마지막 장면** | 쇼팽 〈폴로네이즈 영웅〉

나의 돈 많은 고등학교 친구

초판 1쇄 발행 2023년 4월 28일
초판 38쇄 발행 2024년 11월 20일

지은이 송희구

책임편집 이정아
마케팅 이주형
경영지원 강신우, 이윤재
제작 357 제작소

펴낸이 이정아
펴낸곳 (주)서삼독
출판신고 2023년 10월 25일 제 2023-000261호
대표전화 02-6958-8659
이메일 info@seosamdok.kr

서삼독은 작가분들의 소중한 원고를 기다립니다. 주제, 분야에 제한 없이 문을 두드려주세요.
info@seosamdok.kr로 보내주시면 성실히 검토한 후 연락드리겠습니다.